◆基本◆ 管理会計

第2版

BASIC MANAGEMENT ACCOUNTING

建部宏明
Hiroaki Tatebe

山浦裕幸
Hiroyuki Yamaura

長屋信義
Nobuyoshi Nagaya

同文舘出版

第2版へのはしがき

　本書『基本管理会計』が発行されて12年が経つ。出版作業中に起きた東日本大震災はまだ記憶から消えることはないが，トルコとシリアの国境付近で起きた地震ではまた多くの犠牲者を出している。加えて，昨年2月24日に始まったロシアのウクライナへの軍事侵攻は今まだ終わっていない。その影響は世界中の経済に大きな混乱をもたらしている。小麦などの農作物，石油などのエネルギー資源の世界的な供給不足は，物価の高騰に繋がり，多くの企業に衝撃を与え，耐えきれず倒産する企業も後を絶たない。管理会計の役割は増している。このような状況の下で本書を改訂することは，身が引き締まる思いである。

　これまで本書は増刷にともなって，誤字や言い回しなどの訂正を行ってきた。今回は本書の構成を見直し，大幅な改訂を行った。伝統的管理会計手法を考察する第2章から第9章までは誤字等の見直しをし，第10章から第15章までの戦略管理会計の部分はより詳細に考察するために章を増やした。それにともなって第1章の記述は修正をした。この先，戦略を重視し，ステークホルダーを見据えた管理会計が必要になってくるだろう。

　教員生活を始めてから35年余り。時の流れは速いものである。管理会計も社会環境によって変化する。少しでも時代に合った管理会計のテキストになれば幸いである。

2023年2月

著者一同

はしがき

　私たち 3 人で『基本原価計算』を初めて出版したのは，1997（平成 9 ）年のことであった。そして，2000（平成12）年には『基本簿記入門』を出版した。両書は改訂を重ね，現在それぞれ第四版となった。私たち 3 人は明治大学大学院において角谷教授，山田教授のもとで，原価計算，管理会計を学んだ。その成果としてこれら 2 冊を出版できたのは，感謝に堪えない。そんな中，本書の構想を始めたのは 2 冊目の出版をした直後のことである。管理会計の初学者を対象にしたわかりやすい管理会計の入門書を目指し，話し合いを繰り返した。途中何度か挫折をしたものの，やっと今回出版できることになった。

　本書が対象とする初学者は，簿記や原価計算を学習し，基本的な会計の知識を持った大学生，短大生，専門学校生，そして学校を卒業して 2 〜 3 年の社会人である。そんな初学者に管理会計をわかりやすく理解してもらおうと，いろいろ工夫をしたのが，本書である。

　各章の冒頭にケースを示したのは，当初からのアイデアである。管理会計は実務の中で生まれ，実務に適用されてきた。そこでこのケースによって，どのような場合に管理会計の手法が適用されるのかを概観してもらうのが狙いである。また，それぞれの手法の抽象的な考察はできるだけ控え，目的，意義，方法などを，計算例を交えて説明するようにした。そして，章の最後にケースの解決策の一例を示すことで，章のまとめとした。これは，実際に実務経験の少ない初学者に対して，企業における事態をできるだけ具体的にイメージしてもらうためである。

　全体の章構成は，管理会計の概念，財務分析，原価計算の方法から始まり，標準原価計算，CVP分析，直接原価計算，予算管理，事業部制の業績評価，業務執行的意思決定および戦略的意思決定といった伝統的な管理会計手法か

ら，原価企画，LCCing，品質原価計算，ABC／ABM，およびBSCといっ
た新しい管理会計の手法を盛り込んだ。

　経営環境の変化とともに，管理会計も日進月歩で進化している。新しい手
法が生み出されることもあれば，伝統的な手法に別の適用方法が考えだされ
ることもあるだろう。私たち3人は，これからも研究を積み重ね，本書の改
訂が許されるのなら，さらによい書物になるよう書き改めていきたい。

　本書の校正作業中の2011（平成23）年3月11日午後2時46分，東北，関東
地方にM9.0の未曽有の大地震が発生した。地震による被害もさることながら，
その後発生した大津波，福島原発の爆発事故などの被害も大きい。現在も電
力不足で，計画停電が実施されている。被災された方々に心からお見舞い申
し上げるとともに，一日も早い復興を願ってやまない。

　最後に，大学院時代にお世話になった故角谷光一先生，明治大学名誉教授
山田庫平先生に感謝申し上げたい。また，本書出版に当たりご尽力いただい
た同文舘出版の中島治久氏，市川良之氏，青柳裕之氏に深く感謝を申し上げ
たい。

　2011年3月

建部　宏明

長屋　信義

山浦　裕幸

本書の構成

　本書の最大の特徴は章の初めにあるケースである。基本的にケースに生じた問題点をどのように解決していくかという主題の下に各章が進行していく。本書は，次のような基本コンセプトによって構成されている。

①大学，短期大学および専門学校の学生，さらには卒業後2～3年の社会人のための入門書である。

②理論的かつ実践的である。

③目標を明示している。

　初学者にできるだけわかりやすく管理会計の実務への応用を理解してもらうために，本書ではまずどのような場合にその管理会計手法が利用されるのかを概観できるように，多少デフォルメされているが，簡単な事例を**ケース**として挙げた。そして，その事例に適用される管理会計手法の概念，方法などを説明し，章の最後にその事例の解決策の一例を示した。また内容は，伝統的な管理会計手法から，新しい管理会計手法へと順に説明が進行する。本書の対象はあくまでも初学者であるが，初学者に限ることなく中級者にも対応できるレベルの内容も説明している。

〈改訂にあたって〉

　本書の初版は2011年であり，この12年の歳月のギャップを埋めるために，今回，第2版の改訂を行った。

　第2章から第9章の伝統的管理会計の部分（業績管理，意思決定）は歴史的にも確立された部分であり，若干の修正を行ったものの，ほぼ初版のままである。内容的にはおもに『基本原価計算』（同文

舘出版, 2018) での経験を活かし, 当該書から粋を凝らした (これ
は本書を通じて,『スタンダード原価計算』(同文舘出版, 2018) へ
つながっている)。

　今回, 改訂に踏み切った部分は戦略にかかわる管理会計の部分で
あり, 初版出版時と比べてかなりの変化が生じている。これについ
ては, 第10章 (管理会計における戦略の重視と新技法の展開) を新
設し, 戦略管理会計の全体像を示した。さらに, 旧第10章は原価企
画・LCCing・品質原価計算としていたが, 原価企画の重要性を鑑
み, 原価企画とライフサイクル・コスティング・品質原価計算を分
け, 別章とした (初学者に配慮してLCCingは, カタカナ書きにし
た)。また, 第2版では第10章で示した管理会計の基本的な考え方
に沿って, 章の順番を変え, 第11章にABC／ABM, 第12章に品質
原価計算とライフサイクル・コスティング, 第13章に原価企画, 第
14章にはバランスト・スコアカード, さらに第15章には最近話題と
なっている統合報告に関する章を新設した。

　これで, 最新の管理会計を網羅できたわけではないが, 少なくと
も初学者が管理会計の戦略分野を理解する基本は提示した。

基本管理会計(第2版)　◉目次◉

第2版へのはしがき　　i
は し が き　　ii
本書の構成　　v

第**1**章　管理会計とは
― 管理会計を理解しよう ―

ケース1　THリテイリングの新たなる挑戦 ················ 2
1　会計情報とその利用者 ································ 3
2　歴史からみた管理会計の成長と領域の拡大 ·········· 5
　(1) 生成期（原価管理思考の形成期）················ 6
　(2) 成長期（利益管理思考の形成期）················ 6
　(3) 確立期（意思決定会計と業績管理会計の形成期）······ 7
　(4) 展開期 ······································ 8
3　管理会計の体系 ································ 9
　(1) 伝統的管理会計の体系 ························ 9
　(2) 現代的管理会計の体系 ······················ 10
4　問題の解決のための管理会計手法 ················ 12

第**2**章　財務分析
― 会社の問題点を見つけ出す ―

ケース2　THリテイリングに潜在する問題点の洗い出し ····· 20
1　財務分析とは ································ 21
2　安全性分析 ································ 23
　(1) 貸借対照表の構造 ·························· 23
　(2) 短期安全性の指標 ·························· 24
　(3) 長期安全性の指標 ·························· 25
3　収益性分析 ································ 27

(1) 損益計算書の構造 ……………………………………………………… 27
(2) 収益性の指標 …………………………………………………………… 28
4 THリテイリングの財務分析結果の判定と問題解決の糸口の発見 … 34
(1) 結果とその評価 ………………………………………………………… 34
(2) THリテイリングの財務分析に基づく問題点の発見 ……………… 37

第3章 原価計算
─ 適正な製品原価の算定のために ─

ケース3 川口縫製の原価計算 ……………………………………………… 42
1 原価計算とは ……………………………………………………………… 43
2 原価とは …………………………………………………………………… 44
(1) 製品原価算定のための原価分類 …………………………………… 44
(2) その他の原価分類 …………………………………………………… 46
3 材料費の集計 ……………………………………………………………… 47
4 労務費の集計 ……………………………………………………………… 48
5 経費の集計 ………………………………………………………………… 50
6 製造間接費の集計 ………………………………………………………… 51
7 部門費の集計 ……………………………………………………………… 53
8 製品別計算 ………………………………………………………………… 57
(1) 個別原価計算 ………………………………………………………… 58
(2) 総合原価計算 ………………………………………………………… 60
9 川口縫製の製造原価明細書 ……………………………………………… 61
10 川口縫製の原価計算システム …………………………………………… 63

第4章 標準原価計算
─ 作業能率を向上するために ─

ケース4 NONA社の作業能率はどうなっているのか？ ……………… 66
1 原価引下げの方法 ………………………………………………………… 67

2 標準原価計算とは ……………………………………………… *68*

3 標準原価の種類 …………………………………………………… *69*
  (1) 改訂の頻度による分類 ……………………………………… *69*
  (2) 標準の厳格度による分類 …………………………………… *69*

4 標準原価計算の手続 …………………………………………… *70*

5 原価標準の設定 …………………………………………………… *71*
  (1) 標準直接材料費の設定 ……………………………………… *71*
  (2) 標準直接労務費の設定 ……………………………………… *71*
  (3) 標準製造間接費の設定 ……………………………………… *72*
  (4) 原価標準 ………………………………………………………… *72*

6 原価差異の分析 …………………………………………………… *73*
  (1) 直接材料費の差異分析 ……………………………………… *73*
  (2) 直接労務費の差異分析 ……………………………………… *74*
  (3) 製造間接費の差異分析 ……………………………………… *76*

7 NONA社への適用 ……………………………………………… *79*

第5章 CVP分析と直接原価計算
— 利益計画を設定するために —

ケース5 IME社の来年度の利益計画をどのように立てるか？ …… *84*

1 全部原価計算による利益計画策定の困難性 ……………… *85*

2 直接原価計算による利益計画策定 ………………………… *88*

3 ＣＶＰ分析 ……………………………………………………… *91*

4 固定費と変動費の分解 ………………………………………… *98*

5 IME社はどのように利益計画を立てればよいか ……… *101*

第6章 予算管理
— 利益管理のために —

ケース6 IME社の利益管理はどうすればよいのか？ ……………… *104*

1　企業予算とは ………………………………………………………… 105
2　企業予算の体系と機能 ………………………………………………… 106
　(1)　予算の種類 ………………………………………………………… 106
　(2)　企業予算の体系 …………………………………………………… 107
　(3)　予算管理の機能 …………………………………………………… 108
　(4)　予算管理組織 ……………………………………………………… 109
3　予算編成の手続 ………………………………………………………… 111
4　予算統制の手続 ………………………………………………………… 113
5　IME社はどのように予算を活用すればよいか ……………………… 118

第**7**章　事業部の業績管理
— 事業部の業績をどう評価するか —

ケース7　YS電気では事業部の業績を何の指標で評価すべきか？ … 122
1　企業の組織形態－職能別組織と事業部制組織－ ………………… 123
　(1)　職能別組織 ………………………………………………………… 123
　(2)　事業部制組織 ……………………………………………………… 124
2　事業部制における業績評価 ………………………………………… 126
　(1)　事業部で算定される利益 ………………………………………… 126
　(2)　事業部の業績評価尺度 …………………………………………… 128
3　事業部制における内部振替価格 …………………………………… 132
　(1)　市価基準 …………………………………………………………… 133
　(2)　原価基準 …………………………………………………………… 134
　(3)　交渉価格基準 ……………………………………………………… 137
4　YS電気における事業部の評価 …………………………………… 137

第**8**章　業務的意思決定のための会計
— 一部品種の生産中止などの意思決定 —

ケース8　CH工業では一部品種の生産を止めるべきか？ …………… 140

1 意思決定の意義とプロセス ···································· 141

(1) 意思決定の意義 ·· 141

(2) 意思決定のプロセス ·· 142

2 意思決定のための原価 ·· 143

3 差額原価収益分析 ·· 145

(1) 差額原価収益分析の意義と分析法 ···························· 145

(2) 差額原価収益分析の計算例 ·································· 146

4 CH工業の意思決定 ·· 154

第9章 戦略的意思決定のための会計
— 設備投資などの意思決定 —

ケース9 CH工業は設備投資を行うべきか？ ···················· 160

1 戦略的意思決定とは ·· 161

2 設備投資に関する意思決定のための基礎概念 ···················· 162

(1) キャッシュ・フロー ·· 162

(2) 貨幣の時間価値 ·· 163

3 設備投資の経済性計算 ·· 165

(1) 貨幣の時間価値を考慮しない方法 ···························· 165

(2) 貨幣の時間価値を考慮する方法 ······························ 168

4 CH工業の意思決定 ·· 173

第10章 管理会計における戦略の重視と新手法の展開
— 新しい管理会計の体系を理解しよう —

ケース10 TH電機の社長の当惑 ································ 180

1 管理会計の体系の変化 ·· 181

2 物語の始まり ·· 182

3 大量生産を前提とした管理 ···································· 183

4	伝統的管理会計の体系	184
5	多品種少量生産を前提とした管理	186
6	現代的管理会計の体系	187
7	現代的管理会計の定義	190
8	TH電機，社長の当惑の原因	191

第11章 ABC/ABM
— 正確な製品原価の算定や継続的な改善のために —

ケース11	**IS工業では正確な収益性分析が行われているか？**	194
1	ABCとは	195
2	ABCの特徴－伝統的な原価計算との比較	196
3	ABCの計算構造	198
4	ABMの意義と特徴	203
5	IS工業の意思決定	205

第12章 品質原価計算とライフサイクル・コスティング
— 環境に適合した総合的な原価管理のために —

ケース12	**VOS工業の品質管理は適切か？**	212
1	品質原価計算	213
(1)	品質原価計算の意義	213
(2)	品質原価の分類とその特徴	213
(3)	品質原価計算の特徴	216
2	ライフサイクル・コスティング（LCCing）	218
(1)	ライフサイクル・コスティングの意義	218
(2)	ライフサイクル・コストの分類と計算	219
(3)	ライフサイクル・コスティングの特徴	222

3 VOS工業の品質管理 224

第**13**章 原価企画
― 生産開始前に原価を作り込む ―

ケース13 TANY電器はどのように原価引下げをしたらいいのか？ ····228
1 生産方式の変化と新しい原価管理 ····························· 229
2 原価企画の意義と目的 ··· 230
3 原価企画の手続き ·· 231
4 目標原価の設定方法 ··· 233
5 原価企画の機能と逆機能 ·· 235
6 TANY電器はどうすればいいか ·································· 235

第**14**章 バランスト・スコアカード
― 戦略の実現と多元的な業績評価のために ―

ケース14 TB洗剤における不適切な業績評価への反省 ················· 240
1 バランスト・スコアカードとは ······························· 241
2 バランスト・スコアカードの登場とその意義 ··············· 242
3 バランスト・スコアカードの4つの視点 ····················· 243
 (1) 財務の視点 ·· 244
 (2) 顧客の視点 ·· 245
 (3) 内部ビジネス・プロセスの視点 ······························· 246
 (4) 学習と成長の視点 ··· 246
4 4つの視点の相互関係 ·· 247
5 TB洗剤へのバランスト・スコアカードの導入 ·············· 249

第**15**章 統合報告
― 企業の開示は財務情報だけでいいのか ―

ケース15　TANY電器はどうすれば企業価値を上げることができるか？ ···· *258*
1　企業の情報開示制度のあらまし ················· *259*
　(1)　上場会社の情報開示 ································· *259*
　(2)　有価証券報告書・四半期報告書 ··············· *260*
　(3)　決算短信 ··· *262*
　(4)　その他の報告書 ································· *262*
2　価値創造のための取り組み－統合報告書 ········· *264*
3　TANY電器はどうすればよいのか ················· *267*

　　索引 ··· *269*

進んだ学習
　●非財務情報 ··· *40*
　●最小二乗法 ··· *100*
　●ゼロベース予算（zero-base budgeting：ZBB）······· *113*
　●内部利益率法（年々のキャッシュ・フローが異なる場合）··· *172*
　●ABB ··· *207*

ターム
　●特殊原価，関連原価，未来原価 ················· *145*
　●加重平均資本コスト ································· *175*
　●バランスの意味 ····································· *255*

コーヒー・ブレイク
　●会計情報 えとせとら ······························· *17*
　●原価管理には実際原価計算？ ····················· *82*
　●わが国の予算管理組織 ····························· *111*
　●分権化組織のその他の形態 ························· *138*
　●原価企画の実態調査 ······························· *237*

第 1 章

管理会計とは
─ 管理会計を理解しよう ─

本章のポイント

- 会計には財務会計と管理会計の2分野が存在している
- 歴史的視点からみた管理会計の枠組みを学ぶ
- 管理会計の柱は意思決定会計と業績管理会計である
- 戦略重視の管理会計の誕生とは何か

THリテイリングの新たなる挑戦

　THリテイリングは，国内を活動拠点にする子供服のメーカーである。資本金は10億円，年商24億円，営業利益7千万円，従業員100名の株式会社である。主力製品は子供服であり，その企画・生産・物流・販売までを一貫して行っている。原価計算法としては，実際総合原価計算制度を採用している。

　工場は国内1箇所に集約されており，裁断，縫製，検品の流れ生産方式を採用している。THリテイリングはかわいいデザイン，高品質，低価格を売り物にし，若い母親層に人気がある。繰り返しTHブランドを購入する人たちも多い。THリテイリングはこの業界の中堅企業としての名声を博してきた。それを物語るように，これまで，おおむね右肩上がりの成長を呈してきた（バブル崩壊後にはかなり厳しい時期も経験した）。幸い少子化の影響も少ないようであった。THリテイリングのメイン戦略は，価格やデザインの点で優位性をとることによって，市場における一定シェアの獲得であった。他の同業者は価格競争には興味を示さず，比較的高値で販売競争を行ってきており，THリテイリングはこの点に目をつけ製品種類を絞り，設備投資をなるべく抑え，品質，デザインの割には比較的安い販売価格をつけた。これがTHリテイリングをこれまで支えてきた。ところが，最近，売上高の減少が続き，毎年減収減益となった。この傾向は今でも続いている。これまで，営業努力によって事態が改善できるとの方針をとり，営業販路の拡大に力を入れるのみであり，これといった抜本的な打開策は考えてこなかった。しかしながら，業績改善の兆候はない。こうした状況下で，THリテイリングはどうすれば，業績回復のための糸口がつかめるのであろうか。

1 会計情報とその利用者

　企業経営のために，資金はなくてはならないものであり，これが欠乏すると経営を維持できなくなる。そこで，経営管理者は常に資金の動きを熟知し，円滑な資金の調達と運用に心掛ける必要がある。資金は株式や債券（社債など）の発行，金融機関からの借り入れを通じて，主に外部から調達する。経営管理者はこうして調達した資金を効率的に運用するために，直面する諸問題を貨幣額で判断して経営上進むべき道を決定する。そして，一定期間経過後，経営管理者は自身が行ったさまざまな経済活動の成果を財務諸表として資金提供者に報告し，その成果配分を行い，その成果に対する報酬を得る。この一連の過程において，企業に利害関係を有する個人や集団をステークホルダー[1]（stakeholder）と呼び，これらの利害関係者のために貨幣情報を作成する手段が会計である。このような企業の貨幣情報の受け手は，外部の利害関係者と内部の利害関係者に分類できる（**図表1-1**）。

図表1-1　企業を取り巻く利害関係者

主な内部の利害関係者

主な外部の利害関係者

経営管理者

株主

銀行

1）ステークホルダーとは，株主・投資家，債権者（取引銀行，社債権者など），国・地方自治体，経営管理者，従業員，顧客，取引先，マスコミ，社会全般，同業他社，業界団体，地域社会，住民などの企業に利害関係をもつ個人および集団である。

外部の利害関係者とは，株主，債権者などである。株主，債権者は企業への資金提供者であり，自らの投資効率，貸付の安全性を知るために，企業の財政状態（いくら持っているか），経営成績（いくら儲けたか）に関する情報を必要とする。これを踏まえて，株主，債権者は今後の企業への資金提供の方針を決定する。このような外部の利害関係者のために，企業は財務会計を用いて情報を作成する。こうした情報は公開を前提としているので，情報としての公正さ，信頼性，比較可能性が担保されていなければならない。このように，企業が公表した財務諸表は外部の利害関係者の意思決定を左右し，大きな社会的影響をもつので，財務諸表の作成にあたっては，公的なルールに従うことが強制される。ここからの情報はIR（investors relations）情報と呼ばれ，外部の利害関係者の主たる情報源になっている。

　内部の利害関係者とは，主に経営管理者である。彼らは株主や債権者から調達した資金を効率的に運用し，企業の持続的な競争優位を確立し，企業価値を上げ，株主へは高配当，債権者へは利払いおよび元本の返済を行わなければならない。そのために，適切な経営意思決定を下したり，部下の業績を評価したり，戦略を策定し，遂行したりする。このとき，経営管理者は業績管理のために「いくらでできるか（できたか）」，経営意思決定のために「どちらが得か」の原価情報，戦略の策定・遂行のために総合的な経営管理情報を必要とする。このような内部の利害関係者のための情報は，管理会計で作成される。いわば，この類の情報は企業の内部情報であり，公開を前提としていない。そこで，情報としての有用性が大きなポイントであり，この情報の作成にあたっては各企業自身が独自に工夫することになり，公的なルールに従うことは強制されない。

　このように，外部の利害関係者と内部の利害関係者では，要求する会計情報のタイプが異なるので，会計は財務会計と管理会計から構成されている。この役割区分をまとめると，**図表1-2**のとおりである。

　図表1-2からもわかるように，本書の対象である管理会計は「企業内部

図表1-2　財務会計と管理会計の役割区分

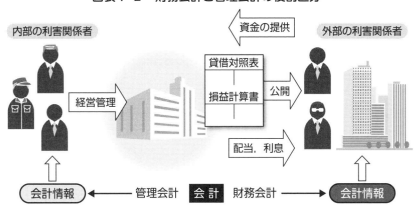

者の経営管理活動を支援するための会計情報を提供するシステム」と定義できる。

2 歴史からみた管理会計の成長と領域の拡大

　本節では管理会計の枠組みをよりよく理解するために，歴史的視点からその成長と領域の拡大をみていきたい。これをもとに，次節では本書における管理会計の体系を提示する。

　管理会計は19世紀末から20世紀初頭頃にビッグ・ビジネスの勃興とともにアメリカで誕生したといわれているが，その発展母体は中世のイタリアの工業都市で生まれ，産業革命期のイギリスで大きな発展を遂げた原価計算である。したがって，アメリカ管理会計の前史はイギリスにおける原価計算の初期的展開に求められる。

　イギリスにおいては，18世紀中頃から19世紀中頃までに，産業革命の所産として巨大機械工業が展開した。これにより，巨大機械が発生させる減価償

却費が無視できないくらいに巨額になり，製造間接費の配賦という形で製品への価値移転が認識されるようになった。つまり，激烈な競争に勝ち抜くためには，全原価要素を計算対象とした精緻な製品原価算定が不可欠となったのである。製造間接費の処理は，産業革命以前には発生しなかった会計問題であったが，さまざまな工夫により，これが解決され，原価計算の製品原価算定技術は19世紀末までにイギリスにおいてほぼ成熟した。

それと前後して，巨大近代企業がいち早く成立したアメリカで，原価計算は製品原価算定のための手法としてよりも，管理のための手法として管理会計へとさらなる展開を遂げていくことになる（廣本（1993），pp.423-439）。

(1) 生成期（原価管理思考の形成期）

まず，管理会計の生成期は，1919年から1929年までに区分づけられる。管理会計への第一歩は標準原価計算の展開である。

市場の成長によって，価格設定はもはや企業の手では行えなくなった。そこで，所与の売価のもとでは，製品原価の節約こそが利益獲得の唯一の手段であると考えられた。当初は原価の期間比較によって原価の管理が行われたが，発生した原価額を相対的に比較する方法には限界があった。そこで，科学的管理法から導入された絶対的な尺度である「標準」を達成目標として設定し，能率を向上させる手法，すなわち標準原価計算が工夫された。標準原価計算では主要な原価費目に標準が設定され，これと実際に発生した原価額と比較することによって達成度合いが管理された。「標準」は生成期の管理会計を形作る基本思考であり，予算思考の祖形である。

(2) 成長期（利益管理思考の形成期）

次に，1930年から1945年までは管理会計の成長期として特徴づけることができる。

1929年に生じた大恐慌は，経営管理者に対して遊休設備がいかに有効利用

されるべきか，とくに固定費管理の問題を投げかけた。原価管理は原価を引き下げることによって，消極的に利益の増大を図る手法であるが，大不況の到来によって積極的に利益の増大を図る手法が必要になり，CVP分析が工夫された。このとき，原価は操業度（営業量）との関連分類である変動費と固定費の区分が有効となる。固定費管理のためには売上によって，いくら固定費を回収できるかという概念が必要となった。これは限界利益の概念をもつ直接原価計算によって可能となり，単位原価の合理的な算定を阻害する固定費を製品原価としない思考が生まれた。直接原価計算のもとで，「利益の計算をいかに行うか」が議論されたり，「全部原価による意思決定には限界があり，部分原価（変動費）による意思決定に優位性が存在すること」が認識された。また，この頃に総合的利益管理を目的とした予算管理が大きな展開を遂げた。

(3) 確立期（意思決定会計と業績管理会計の形成期）

　第3に，1946年から1966年までは管理会計の確立期である。この時期，コントローラーの養成のための会計教育の展開，新たな管理会計手法の発展から，管理会計論の再構築が始まった。このような結果として，管理会計は1950年代半ばに，計画会計と統制会計という枠組みで体系化された。

　CVP分析や直接原価計算の思考が普及するにつれ，それらによる利益管理は計画会計，他方，標準による原価管理は統制会計として区分されるようになった。しかしながら，経営管理を重点として管理会計を考えていく場合，計画と統制の区分は必ずしも適切ではない。なぜならば，計画には個別計画と期間計画があり，利益管理は計画会計であるが，同時に期間計画として統制の結果をフィードバックする必要があった。そこで，計画会計のうちの期間計画は統制会計に包含されることになり，これが業績管理会計といわれる分野を形成することになった。他方，個別計画の分野は，設備投資や業務執行のための意思決定であり，これが意思決定会計の領域を形成した。こうし

て，1960年代半ば業績管理会計と意思決定会計の区分がなされた。ここに，伝統的管理会計論が確立された。

(4) 展開期

① 活動基準原価計算の登場 （ABC 概念の形成）

　第4に，1966年以降は管理会計の展開期である。展開期においては管理会計の学際的諸方法の研究が本格化した。とくに，コンピュータの技術的進歩はめざましく，多くの情報を的確にかつ迅速に処理できるようになった。1970年代になって，管理会計は数学的，行動科学的なアプローチが行われ，高度な管理会計の構築が目指された。しかしながら，1980年代に入って，こうしたアプローチは管理会計情報の有効性の側面から批判が集まり，抽象的過ぎる情報は実務家に敬遠されるようになった。1987年にジョンソン（H.Thomas Johnson），キャプラン（Robert S. Kaplan）が著わした『レレバンス・ロスト』（*Relevance Lost: The Rise and Fall of Management Accounting*）では，管理会計の理論と実務が乖離してしまった状況が明確化された。

　『レレバンス・ロスト』以後，活動基準原価計算（activity-based costing：ABC）に大きな注目が集まった。ABCは原価を活動に跡づけ，その活動を基礎に原価を計算していくシステムである。原価要素の大きな部分を占める製造間接費の配賦困難性は伝統的な原価計算ではもはや解決できない点に着目し，製造間接費の合理的な配賦のために考え出された方法がABCである。伝統的な原価計算では，製造間接費は操業度に基づいて配賦が行われるが，ABCでは活動に基づく。これにより，製品別収益性の正しい測定や原価管理が可能になるとされた。

② 戦略管理会計の誕生

　1990年代以降，企業間競争のグローバル化，社会経済環境の激変にともなって，新しい枠組みで管理会計を捉える試みがなされ，戦略との関連性が強

調されるようになった。とくに，企業価値の最大化が目指されるようになると，いかに企業価値を高めていくかが企業経営の最大のポイントとなった。このためには持続的競争優位の確立が求められ，それに対応する管理は企業の全活動いわば川上（企画，設計）から川下（販売，廃棄）まで一連の活動をパッケージとして考えることが必要であり，ABCはもとより，原価企画，価値連鎖分析，品質原価計算，ライフサイクル・コスティング（life cycle costing：LCCing），バランスト・スコアカード（balanced scorecard：BSC）などの諸手法に注目が集まった。さらに，ABCはトータル・コスト・マネジメントとしての活動基準管理（activity-based management：ABM），活動基準予算（activity-based budgeting：ABB）へと展開した。

　このように，現在の管理会計は従来の枠組みとは大きく変貌した。このために，新しい管理会計の分野は従来の管理会計分野（伝統的管理会計）と峻別されて，戦略管理会計とも呼ばれ，戦略との関連で管理会計が構築されている。

3 管理会計の体系

(1) 伝統的管理会計の体系

　前節の歴史的展開で示したように，経営管理のための会計である管理会計は経営管理者の経営意思決定と業績管理という職能に呼応して，意思決定会計と業績管理会計の枠組みから構成されている。その体系は**図表1-3**のとおりである。

　意思決定会計は戦略的意思決定と業務的意思決定から構成される。戦略的意思決定では設備投資の経済性計算が行われ，それは1年を越える期間にわたる投資計画などの意思決定を評価する時間価値を考慮する差額原価収益分

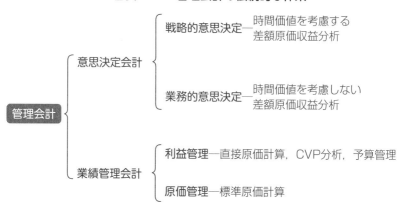

図表1-3　管理会計の伝統的な体系

析である（第9章では，時間価値を考慮しない方法も提示した）。業務的意思決定では主に差額分析が行われ，それは日常の業務で生じる意思決定を評価するために，意思決定で変化しない要因を考慮から外し，その差額だけを考える（時間価値を考慮しない）差額原価収益分析である。

　業績管理会計は利益管理と原価管理から構成される。利益管理は利益で業績を評価する手法であり，事業部の管理者は生じた利益でその業績の良否が判断される。他方，原価管理は原価で業績を評価する方法であり，製造部門の管理者は生じた原価でその業績の良否が判断される。前者のメインツールは直接原価計算・CVP分析，予算管理，後者のそれは標準原価計算である。

(2) 現代的管理会計の体系

　上記のような体系は伝統的管理会計の見方に基づくものであり，これは前節でも述べたように，近年の経営環境の激変により大きく変貌した。現在，経営管理者は持続的な競争優位を確立するために，戦略の策定と遂行という新しい任務を果たさなければならない。新しい管理会計分野の主軸としてはABC，ABM，ABB，原価企画，LCCing，品質原価計算，BSCなどの各手

法が列挙できる。こうした新手法に注目が集まった原因の1つは，経営管理における市場志向性の増大である。それまで，企業は大量見込生産によって製造した製品を顧客に売り込んでいくという生産中心思考をとってきた。しかしながら，作れば売れる時代は去り，顧客は他人と違ったものを求め，企業側もこれに対応して顧客ニーズに即した生産を無駄なく行うという市場中心思考に変わった。かくて，企業にとって長期的な安定を目指すために，「企業環境を熟慮し，適切に経営資源を配分すること」，すなわち戦略が不可欠となり，経営管理者にはこれまでの業績管理，経営意思決定に加えて，戦略策定と遂行という新しい任務が課せられた。これがコントロールの手法に大きな発想の転換をもたらし，現在の管理会計の体系を多様化させた。とくに，原価企画はわが国発の管理手法であり，トヨタ自動車が1960年代から独自に開発した利益管理・原価管理であるが，1990年代以降，戦略的マネジメント・システムの一翼を担うようになった。新しい管理会計に共通する考え方として，川上から川下までの一連の経営活動をパッケージとして管理対象とする

図表1-4　管理会計の現代的な体系

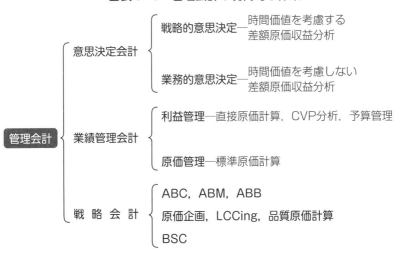

点である。

　これを**図表1-3**に加えて体系づけると，**図表1-4**のとおりである。

　図表1-4は，現在の管理会計（現代的管理会計）の体系であり，従来の体系（**図表1-3**）に新たな分野が加わった。伝統的管理会計は戦略との関連で管理会計を捉えてこなかったが，現在の管理会計は現代的管理会計ないしは戦略管理会計とも呼ばれ，戦略との関連で構築されている戦略分野が強調されている。しかしながら，急激な枠組みの変化により，学界においても明確な管理会計の体系づけは未だなされていない。その意味で，本節において提示した管理会計の体系も暫定的といわざるを得ない。

4　問題の解決のための管理会計手法

　それではTHリテイリング業績回復のためには，どうしたらよいのであろうか。これまで述べた管理会計の諸手法を導入すれば，各種の問題解決に役立つであろう。このとき，経営管理者の以下の疑問に答える情報が必要であった。

1．同業他社と比較すると，自社の経営状態はどうなっているのであろうか。自社の強みと弱みはどこに。
2．価格決定の基礎となる原価は，本当に適正に計算されているのであろうか。
3．現状を変えずに，原価を引き下げる余地があるのか。
4．目標利益を定め，それによって販売努力を行っているのか。
5．予算が機能しているのか。予算が形骸化してはいないか。
6．製品別の損益はどうなっているのか。また，製品別事業部の構築は可能であろうか。
7．製品の一部は外注した方が安価なのではないか。

8．国内生産拠点から海外生産拠点への転換が可能であろうか。

9．会社業績を改善するための新たなる管理方式が導入できるのであろうか。

このような疑問に答える経営管理者のツールの集合体が管理会計である。どのようなツールがどのような情報を作り出せるのか。どのようなツールによって，何が管理できるのか。

まず，「自社の経営状態はどうなっているのであろうか」については，財務分析が利用される。これまで，本章では管理会計の1手法として財務分析を論じてこなかったが，問題解決のためには財務分析による問題発見のための現状分析が有効である。管理会計としての財務分析は現状を把握し，経営に内在する問題点（コスト高，資金の固定性，過剰在庫高など）を明らかにするために行われる。たとえば，THリテイリングの売上高営業利益率は7千万円÷24億円×100≒2.92％である。しかし，業界平均が3.33％であるとすると，0.41％下回る。売上高営業利益率は利益率や経営効率を示す重要な比率であり，営業活動による利幅を示す。こうした基礎数値の算定により，なぜこうした状況が生じているかを分析すれば，どこに自社の問題点があるかが大枠で把握できる。

次に，「原価は適正に計算されているのであろうか」という疑問は，原価計算の洗い直しによって解決の糸口が見つかるかもしれない。THリテイリングは実際総合原価計算制度を導入しているが，はたして正しい原価が算定されているのであろうか。材料費，労務費，経費を費目別に集計し，製造直接費は製品に直課し，製造間接費は部門別計算を行い，その後，製品別計算を行っている。製造間接費の配賦については，現場担当者の報告に基づいて計算している。しかしながら，経営管理者の考える売上高営業利益率が達成できていない。もしかしたら，製造間接費計算が機能せず，実際の消費額を反映しない原価が算定されているのかもしれない。

第3に，「現状を変えずに，原価を引き下げる余地があるのか」については，

標準原価計算の導入を検討できる。標準原価計算を導入し，差異分析を行うことで，「例外の原理」の適用によって原価管理を実施する。標準原価計算は目標となる原価（標準原価）と実際原価を比較し，差異分析によって原因を究明し，持続的に原価を引き下げていく手法であり，原価管理の伝統的な手法である。THリテイリングのように，少ない品種を大量に作る生産形態には向いている。

　第4に，「利益目標を定め，それによって販売努力を行っているのか」については，直接原価計算アプローチを用いる。この方法では製品原価を変動費だけで計算し，固定費を期間原価とする。これにより，限界（貢献）利益が算定でき，固定費管理が強化される。同時に，原価，営業量（売上高），利益が比例関係を有するようになり，目標利益を獲得するための売上高および許容原価の算定が可能になる。THリテイリングも，売上高から原価を引いた結果が利益であるという呪縛から解放されて，会社を存続させるために必要な目標利益を事前に算定し，そこから獲得するための売上高，許容原価を計算するべきである。

　第5に，「予算が機能しているのか」については，予算編成過程の見直しを行う。予算は過去の企業活動に基づいて将来の企業活動を計画し，これを統制していく手段である。元来，企業活動は未利用資源の有効活用の過程であり，このために企業活動の目標を設定し，それに合わせて活動を統制していくことが必要とされる。これがまさに予算管理である。予算は編成の段階においては各部の利害調整機能を有する。THリテイリングではこれまで確固たる予算管理の考え方はもっていなかった。単に前年度を基礎として予算を編成し，翌年もそうした。計画，調整，統制の各機能を有する予算管理の本格的な導入は，企業管理の1手段として大きな戦力となろう。

　第6に，「製品別の損益はどうなっているのか」については，セグメント（製品別）の業績管理を用いる。これまで，THリテイリングは全体的な損益しか計算していなかったが，現在，製造販売している製品ごとの損益も知

らなければならない。これが明らかになれば，製品存廃に関する意思決定を行うことができ，不採算製品は生産中止し，新たなる製品の導入，有利な現有製品へのシフトなどが可能になる。THリテイリングでは考慮外だが，事業規模が大きい場合には製品別事業部制を採用し，本格的な業績管理を行う方法もある。

　第7に，「製品の一部は外注した方が安価なのではないか」については，差額原価収益分析を中心とする業務的意思決定を用いる。THリテイリングの弱点は製品系列が少ないことであるが，多種類の製品の導入は正しい戦略であろうか。多品種生産はコスト高を招来することは明らかである。加えて新製品製造のための設備投資をしなければならない。これは新たなるコスト高をまねく。しかしながら，新企画製品の外注によって，コスト高を回避できるかもしれない。

　第8に，「国内生産拠点から海外生産拠点への転換が可能であろうか」については，戦略的意思決定を用いる。THリテイリングが商圏を広げる戦略をとるとすると，生産能力の観点から，新しい工場の建設は一案である。現在の生産拠点は国内であるが，より生産コストの安い東南アジアへの工場移転は可能であろうか。国内売上高をベースに投資額の回収が果たして可能になるのであろうか。こうした意思決定は貨幣の時間価値を考慮して行うことが合理的である。

　第9に，「新たなる管理方式が導入できるのであろうか」については，ABC，ABM，ABB，原価企画，LCCing，品質原価計算，BSCなどの導入の可能性がある。THリテイリングの製造間接費計算は製造原価における労務費の構成割合が高いゆえに，直接労務費法をとっているが，これは正しいのであろうか。これはかなり以前からそうしているが，最近になって裁断は機械化されたので，従業員の支援活動が多くなっているのではないか。こうした場合には，ABCの導入が有効であり，ABCにおけるコスト・ドライバーにより，製品原価の正確な測定，製品別収益性の正しい測定，原価管理が

可能になる。また，生産段階のみの管理には限界があり，製品の企画段階からの原価管理が必要である。こうした場合には，原価企画の導入が有効である。LCCingは製品の企画から廃棄に至るまでの原価，すなわち生涯コストを最小にするための原価計算である。品質原価計算は品質の作り込みが製品の企画段階で実施されることが最も有効であるという視点から，予防原価，評価原価，内部失敗原価，外部失敗原価など品質維持，品質の改善，品質の保証に要する原価を管理するために行う原価計算であり，この導入は品質向上に大きく貢献する。

　これまで，管理会計を「管理会計とは何か」，「歴史的観点からの管理会計の形成」，「管理会計の体系」の観点から論じてきた。これをもとに，管理会計手法をいかに企業経営に適応していくかについても言及した（適用手法については企業規模を考慮する必要があるが，これは無視した）。企業経営を円滑に実施するためには，困難な経営問題に直面したとき，経営管理者は直ちに問題解決に向けた情報が適宜的かつ確実に入手できなければならない。このとき，管理会計の各手法は大きな役割を果たし，その適切な運用は企業の成否を握る。

練習問題

　問1　財務会計との比較で管理会計を説明しなさい。
　問2　戦略管理会計とは何かを論じなさい。

〈参考文献〉

岡本　清（2000）『原価計算　六訂版』国元書房。
建部宏明（2002）「日本における戦略管理会計の展開」『会計の戦略化』税務経理協会。
鳥居宏史訳（1992）『レレバンス・ロスト：管理会計の盛衰』白桃書房。
廣本敏郎（1993）『米国管理会計論発達史』森山書店。

山田庫平，吉村　聡編著（2006）『経営管理会計の基礎』東京経済情報出版。

Anthony A. Atkinson, Robert S. Kaplan and S. Mark S. Young（2003），*Management Accounting*（4th Edition），New York, Prentice Hall.

会計情報 えとせとら

　会計が情報システムとして捉えられる大きなきっかけを作ったのが，ASOBAT（基礎的会計理論に関する報告書）である。

　ASOBAT（A Statement of Basic Accounting Theory）は，アメリカ会計学会（AAA）が1966年に公表した報告書である。この報告書では，「会計は利用者が判断できるように，経済的情報を識別し，測定し伝達するプロセスである」と定義している。さらに，会計情報を識別するための基準として，目的適合性，検証可能性，不偏性，量的表現可能性が提示されている。この4つを満たす情報が利用者にとって有用な情報であり，意思決定者の有用性から会計情報が捉えられている。このようなアプローチを「意思決定有用性アプローチ」と呼ぶ。この思考は管理会計にも大きな影響を与え，利用者の有用性を中心に据えた情報の作成に強調点が及ぶようになった。

　飯野利夫訳（1969）『基礎的会計理論』国元書房。

第 **2** 章

財務分析
— 会社の問題点を見つけ出す —

本章のポイント

● 財務分析とは何か
● 経営指標を学ぶ
● 財務諸表をもとに自社を分析する
● 問題点や今後の方向性を探る方法を学ぶ

ケース**2** THリテイリングに潜在する問題点の洗い出し

　THリテイリングは毎年の減収減益に歯止めをかけるために，再建委員会が設置された。再建委員会は販売部門，製造部門，企画部門の各代表から構成され，「会社に潜んでいる問題点を洗い出し，これに対応する解決案を示し，会社を再び成長させること」，いわば再建策の作成が最大の目的であった。委員会は「どこに経営上の問題が内在しているか」にアプローチするために，各部門の代表者から意見を聴取した。その要旨は，下記のとおりであった。

●販売部門

　「最近，大手スーパーは自社ブランドを展開し，わが社の販路は拡大どころか縮小している。わが部門はこのような逆風にもめげず販路の開拓に奔走し，その効果は出ている。わが部門は下流に位置しているので，上流に位置している企画部門や製造部門が頑張ってくれなければ，販売は思うにまかせない。それに販売費の増額を望む。」

●製造部門

　「この頃，企画部門から複雑なデザインの縫製要求があったり，販売部門が小ロットの注文を受けてきたり，これらが製造原価を引き上げている原因となっている。わが部門でできる最大限のコストカットはしている。「製造しやすいデザイン」，「単一製品の大量生産」が前提とならないと，製造部門におけるコストは下がらない。」

●企画部門

　「販売部門からの「売れる製品を企画しろ」という要求に応えるためには，他社の製品との差別化を図らなければならない。売れる製品を企画するためには時として手の込んだデザインが必要であり，多少のコスト高はしかたない。しかし，製造部門からは「なるべくシンプルなデザインにしろ」という販売部門とは相反する要求がある。」

　以上のように，各部門への意見聴取は自部門の活動を正当化する主張ばかりで，あまり有益ではなかった。もっとフランクな意見交換を実現するために，部門の利害は大きな壁となっている。各部門が自部門の最大効率を目指し，自部門に課せられた使命を全うしていくことは部門設置の意義の一つである。しかしながら，部門間における利害の対立は部門設置の大きな弊害の一つである。このままでは部門の利害を超えた問題の解決は望めないし，問題解決のための糸口を発見できるような有益な議論はできない。どうすれば，自社の置かれている立場を冷静にかつ客観的に評価し，全社一丸となって難局打開に向けた議論にもっていけるのであろうか。

1 財務分析とは

　経営管理者は自社の現状把握から長所（強み），欠点（弱み）を発見し，これを踏まえたうえで，経営管理活動を行わなければならない。孫子の兵法に「彼を知り己を知れば百戦殆うからず」とあるが，敵（彼）を知り，自分（己）を知れば戦いは有利に進められる。己を知るためには，自らが作成した財務諸表などを利用した財務分析が行われる。ここで，「彼」は同業他社であり，それらが公表した財務諸表や業界全体の財務データ（業界平均値）は，敵を知る格好の材料である。自社のそれと比較すれば，経営管理者は経営に潜む問題点を数値的に発見し，これを是正するための経営管理活動が可能になる。

　財務諸表は外部の利害関係者に向けて作成されたものであり，証券アナリストたちはこうした財務諸表分析から得られる基本的な数値をファンダメンタルズ（fundamentals）ないしは財務指標と呼び，投資の優劣を判断するために，安全性，収益性，成長性，生産性を指標としている。もちろん，こ

図表2-1　財務分析のための経営指標

```
                        経営指標
            ┌──────────────┴──────────────┐
          安全性                        収益性
            │                ┌────────────┴────────────┐
        ┌───┴───┐          利益率                    経営効率
        流動比率        総資本営業利益率            総資本回転率
        当座比率        総資本経常利益率            当座資産回転率
        固定比率        総資本当期純利益率          固定資産回転率
        固定長期適合率  自己資本当期純利益率        棚卸資産回転(率)期間
        自己資本比率    売上高総利益率              製品回転(率)期間
        負債比率        売上高営業利益率            仕掛品回転(率)期間
                        売上高経常利益率            原材料回転(率)期間
                        売上高当期純利益率
```

れは自社の現状を分析する際にも有用な情報であり，外部の利害関係者と同様に，内部の利害関係者に対しても有用な情報である。

　本書では，財務分析の指標として安全性，収益性を取り上げる。これらは**図表2-1**のとおりの体系である。

　安全性は企業の財務安全性を示し，流動比率，当座比率，固定比率，固定長期適合率，自己資本比率，負債比率などの指標がある。これらのデータは主に貸借対照表から得られる。

　収益性は企業の収益稼得能力を表わし，利益率を示す指標と経営効率を示す指標に分類できる。利益率を示す指標としては，総資本営業利益率，総資本経常利益率，総資本当期純利益率，自己資本当期純利益率，売上高総利益率，売上高営業利益率，売上高経常利益率，売上高当期純利益率などがある。これらのデータは，主に損益計算書から得られる。

　経営効率を示す指標としては，総資本回転率，当座資産回転率，固定資産回転率，棚卸資産回転（率）期間，製品回転（率）期間，仕掛品回転（率）期間，原材料回転（率）期間などがある。これらのデータは貸借対照表と損益計算書から得られる。

2 安全性分析

(1) 貸借対照表の構造

　安全性分析は主に貸借対照表のデータによって行われるので，貸借対照表の構造をみていきたい（**図表2-2**）。

　資産は企業が自由に使えるすべての財産であり，流動資産と固定資産に分類される。流動資産は企業の主たる営業取引過程にある，1年以内に現金化される資産である。主に，当座資産（現金預金，売掛金，受取手形，貸付金など），棚卸資産（商業：商品，工業：製品，仕掛品，原材料など）からなる。また，固定資産は企業の主たる営業取引過程にない，1年を超えて営業目的で長期所有する資産であり，さらに有形固定資産と無形固定資産に分けられる。前者は建物，備品，機械，土地などであり，後者はのれん，特許権などである。

　負債は企業が他人に返済すべき財産であり，負債も資産と同様に流動負債と固定負債に分類される。流動負債は短期的に返済すべき財産であり，買掛金，支払手形，短期借入金などである。他方，固定負債は長期的に安定して借り入れられる資金であり，長期借入金，社債などである。

　純資産は企業の本当の財産であり，正味財産ともいわれる。純資産は企業の原資であり，株主の持分である。また，純資産と固定負債の合計を長期資本という場合がある。

図表2-2　貸借対照表の構造

貸借対照表は借方において，資金の運用形態（総資本）を表わし，貸方において資金の調達源泉（他人資本か自己資本か）を示す。このような貸借対照表の分析によって，流動比率，当座比率，固定比率，固定長期適合率，自己資本比率，負債比率などの安全性を示す指標が求められる。

(2) 短期安全性の指標

　流動比率，当座比率は短期安全性，すなわち短期的な資金支払能力を判定する指標である。

　流動比率は流動負債（短期的な負債）の返済能力がどのくらいあるかを流動負債に対する流動資産の比率で判定する。なぜならば，基本的に流動負債（短期債務）は流動資産で支払われると考えられるからである。この比率は高い方がよく，200％を超えることが望ましい。

$$流動比率（\%）= \frac{流動資産}{流動負債} \times 100$$

　当座比率は流動負債に対する流動資産のうちでも換金性の高い当座資産の比率で短期的な支払能力を判定する。当座比率は流動比率よりも厳密に短期債務の返済能力を検定する指標である。この比率も高い方がよく，100％を超えることが望ましい。

$$当座比率(\%) = \frac{当座資産}{流動負債} \times 100$$

(3) 長期安全性の指標

　固定比率，固定長期適合率，自己資本比率，負債比率は長期的な安全性を判定する指標である。これは資金の調達と運用のバランスを視点とする調達・運用の適合性分析（固定比率，固定長期適合率），資本の安定性を視点とする資本の安定性分析（自己資本比率，負債比率）に分けられる。

　固定比率は固定資産がどの程度自己資本で支弁されたかを測る指標である。これは資金を長期にわたり拘束する固定資産への投資が，自己資本で行われるべきであると考えられるからであり，100%を下回り低い方がよい。

$$固定比率(\%) = \frac{固定資産}{自己資本} \times 100$$

　固定長期適合率は固定比率の補助比率である。分母に長期資本（自己資本＋固定負債）を用いることにより，固定資産への投資がどの程度長期資本で行われているかをみることができる。固定比率と同様に，100%を下回り低い方がよい。

$$固定長期適合率(\%) = \frac{固定資産}{自己資本＋固定負債} \times 100$$

　自己資本比率は企業が投下した総資本に占める自己資本の割合を示し，資本構成から企業の安定性を判定する指標であり，高いほどよい。また，負債比率によっても資本の安定性分析ができる。これは自己資本に対する負債の割合を示し，低いほどよい。

$$自己資本比率(\%) = \frac{自己資本}{総資本} \times 100$$

$$負債比率(\%) = \frac{負債}{自己資本} \times 100$$

【設例2-1】

次の貸借対照表に基づいて，流動比率，当座比率，固定比率，固定長期適合率，自己資本比率，負債比率を計算しなさい。

貸借対照表の要旨

(20X4年3月31日現在)　　　　　　　　　　(単位：万円)

資産の部			負債の部		
	科　目	金　額		科　目	金　額
流　動　資　産		100,000	流　動　負　債		80,000
	当　座　資　産	49,000	固　定　負　債		90,000
	棚　卸　資　産	20,000		負債合計	170,000
	そ　の　他	31,000	純資産の部		
固　定　資　産		200,000	資　本　金		100,000
	有形固定資産	100,000	剰　余　金		30,000
	無形固定資産	95,000	（うち当期純利益）		(3,780)
	そ　の　他	5,000		純資産合計	130,000
	資産合計	300,000		負債・純資産合計	300,000

解答

■短期安全性

$$流動比率 = \frac{100,000}{80,000} \times 100 = 125.00\%$$

$$当座比率 = \frac{49,000}{80,000} \times 100 = 61.25\%$$

■長期安全性

$$固定比率 = \frac{200,000}{130,000} \times 100 ≒ 153.85\%$$

$$固定長期適合率 = \frac{200,000}{130,000 + 90,000} \times 100 ≒ 90.91\%$$

$$自己資本比率 = \frac{130,000}{300,000} \times 100 \fallingdotseq 43.33\%$$

$$負債比率 = \frac{170,000}{130,000} \times 100 \fallingdotseq 130.77\%$$

※なお，計算上生じた端数は小数点第3位を四捨五入した。

　安全性分析は支払能力からみた企業の分析であり，これにより短期の支払能力，長期の安定性にかかわる諸問題を発見できる。

3 収益性分析

(1) 損益計算書の構造

　収益性分析では損益計算書のデータを使用するので，損益計算書の構造を

図表2-3　損益計算書（報告式）の構造

損益計算書

営業損益計算の区分	売上高	××	
	売上原価	××	
	売上総利益	××	→販売活動の利益
	販売費および一般管理費	××	
	営業利益	××	→営業活動の利益
経常損益計算の区分	営業外収益・費用	××	
	経常利益	××	→経営活動の利益
純損益計算の区分	特別利益・損失	××	
	税引前当期純利益	××	→経済活動の利益
	法人税等	××	
	当　期　純　利　益	××	→最終の利益

みてみたい（**図表 2 - 3**）。

　（報告式）損益計算書では各活動（販売活動，営業活動，経営活動，経済活動）ごとに利益算定が行われている。売上総利益は企業の販売活動によって生じた利益，営業利益は企業の主たる営業活動によって生じた利益，経常利益は企業の経常的な経営活動から生じた利益，当期純利益は企業の経済活動全般から生じた利益である。

(2) 収益性の指標

① 利益率を示す指標

　利益率を示す指標はさらに資本利益率と売上高利益率に分けられる。前者は総資本や自己資本に対する利益の割合を示し，総資本営業利益率，総資本経常利益率，総資本当期純利益率，自己資本当期純利益率が代表的な指標である。後者は売上高に対する利益の割合を示し，売上高総利益率，売上高営業利益率，売上高経常利益率，売上高当期純利益率が代表的な指標である。

　総資本利益率は総合的な収益性に関する指標であり，総資本（資産合計ないしは負債＋純資産）に対する利益の比率である。総資本利益率は特定期間の業績を示す指標である。これには総資本営業利益率，総資本経常利益率，総資本当期純利益率がある。このとき，総資本は期首と期末の平均値もしくは簡便的に期末値のみを用いる。

$$総資本営業利益率（\%）＝\frac{営業利益}{総資本}×100$$

$$総資本経常利益率（\%）＝\frac{経常利益}{総資本}×100$$

$$総資本当期純利益率（\%）＝\frac{当期純利益}{総資本}×100$$

　自己資本当期純利益率は，自己資本がどれだけ当期純利益を獲得したかを示す指標である。このとき，自己資本は期首と期末の平均値を用いる。

$$自己資本当期純利益率(\%) = \frac{当期純利益}{自己資本} \times 100$$

　売上高総利益率は売上高に対する売上総利益の割合を示し，本業の売上からどのくらい利益が生じたかの指標である。売上高に対して，売上原価が高いか低いかもわかる。

$$売上高総利益率(\%) = \frac{売上総利益}{売上高} \times 100$$

　売上高営業利益率は売上高に対する営業利益の割合を示し，営業活動からどのくらい利益を生み出したかの指標である。売上高に対して，売上原価が高いか低いか，販売費および一般管理費が高いか低いかを示す。

$$売上高営業利益率(\%) = \frac{営業利益}{売上高} \times 100$$

　売上高経常利益率は売上高に対する経常利益の割合を示し，財務活動も含めた本業における企業の有する総合的な収益力を示す。

$$売上高経常利益率(\%) = \frac{経常利益}{売上高} \times 100$$

　売上高当期純利益率は売上高に対する当期純利益の割合を示し，企業の経済活動がどの程度最終利益に結びついたかを示す。

$$売上高当期純利益率(\%) = \frac{当期純利益}{売上高} \times 100$$

　各種売上高利益率は売上高に対する利益の割合であり，売上高当たりの各活動段階の利益率を示す。

【設例2-2】

　設例2-1の貸借対照表と次の損益計算書に基づいて，総資本営業利益率，総資本経常利益率，総資本当期純利益率，自己資本当期純利益率，売上高総利益率，売上高営業利益率，売上高経常利益率，売上高当期純利益率を計算

しなさい。なお，期首総資本は310,000万円，自己資本は期首期末とも同額であった。

損益計算書の要旨

（20X3年4月1日から20X4年3月31日まで）

（単位：万円）

科　　目	金　額
売上高	240,000
売上原価	203,000
売上総利益	**37,000**
販売費および一般管理費	30,000
営業利益	**7,000**
営業外収益	4,000
営業外費用	5,000
経常利益	**6,000**
特別利益	500
特別損失	200
税引前当期純利益	**6,300**
法　人　税　等	**2,520**
当　期　純　利　益	**3,780**

| 解　答 |

■資本利益率

$$総資本営業利益率 = \frac{7,000}{(310,000 + 300,000) \div 2} \times 100 ≒ 2.30\%$$

$$総資本経常利益率 = \frac{6,000}{(310,000 + 300,000) \div 2} \times 100 ≒ 1.97\%$$

$$総資本当期純利益率 = \frac{3,780}{(310,000 + 300,000) \div 2} \times 100 ≒ 1.24\%$$

$$自己資本当期純利益 = \frac{3,780}{(130,000 + 130,000) \div 2} \times 100 \fallingdotseq 2.91\%$$

■売上高利益率

$$売上高総利益率 = \frac{37,000}{240,000} \times 100 \fallingdotseq 15.42\%$$

$$売上高営業利益率 = \frac{7,000}{240,000} \times 100 \fallingdotseq 2.92\%$$

$$売上高経常利益率 = \frac{6,000}{240,000} \times 100 = 2.50\%$$

$$売上高当期純利益率 = \frac{3,780}{240,000} \times 100 \fallingdotseq 1.58\%$$

※なお，計算上生じた端数は小数点第3位を四捨五入した。

　利益率を示す指標は，利益獲得活動がどのように進められているかを示す。この指標の分析から，利益創出活動に潜む不能率の原因の一端を顕在化させることができる。

②　経営効率を示す指標

　経営効率を示す指標は貸借対照表と損益計算書の相互のデータによって算定される。すなわち，貸借対照表と損益計算書の両方を用いて，総資本回転率，当座資産回転率，固定資産回転率，棚卸資産回転期間，製品回転期間，仕掛品回転期間，原材料回転期間などの指標を算出する。

　総資本回転率は総資本に対する売上高の比率であり，1年間に総資本が何回使われたかを示し，資本の総合的な利用度を示す。このとき，総資本は期首と期末の平均値を用いる。

$$総資本回転率（回） = \frac{売上高}{総資本}$$

当座資産回転率は売上高に関して当座資産が適切であるかどうかを判定する。このとき，当座資産は期首と期末の平均値を用いる。

$$当座資産回転率（回）＝ \frac{売上高}{当座資産}$$

固定資産回転率は固定資産の回収速度を示し，固定資産の効率的な運用の指標となる。固定資産への過剰な投資は比率を悪化させる。このとき，固定資産は期首と期末の平均値を用いる。

$$固定資産回転率（回）＝ \frac{売上高}{固定資産}$$

棚卸資産回転期間は棚卸資産の回転効率をみる指標であり，棚卸資産がどのくらいの期間で1回転するかを示す。それによって，売上高に対する在庫の適正を判定する。このとき，棚卸資産は期首と期末の平均値を用いる。

$$棚卸資産回転期間（日）＝ \frac{棚卸資産}{売上高} \times 365$$

製品回転期間は完成した製品の平均的な在庫期間を示す。このとき，製品棚卸高は期首と期末の平均値を用いる。

$$製品回転期間（日）＝ \frac{製品棚卸高}{売上高} \times 365$$

仕掛品回転期間は製造工程中の仕掛品の平均的な滞留期間を示す。このとき，仕掛品棚卸高は期首と期末の平均値を用いる。

$$仕掛品回転期間（日）＝ \frac{仕掛品棚卸高}{売上高} \times 365$$

原材料回転期間は製造工程に投入される前の原材料の平均的な在庫期間を示す。このとき，原材料棚卸高は期首と期末の平均値を用いる。

$$原材料回転期間（日）＝ \frac{原材料棚卸高}{売上高} \times 365$$

なお，総資本経常利益率は次のように総資本回転率と売上高経常利益率に

分解できる。このとき，総資本は期首と期末の平均値を用いる。

$$\frac{経常利益}{総資本} \times 100 = \frac{売上高}{総資本} \times \frac{経常利益}{売上高} \times 100$$

総資本経常利益率 ＝ 総資本回転率 × 売上高経常利益率

したがって，売上高経常利益率を上げ，総資本の回転率を高めると，総資本経常利益率が上がる。総合的な収益性は売上高利益率と総資本回転率に依存する。

【設例2-3】

設例2-1の貸借対照表，設例2-2の損益計算書に基づいて，総資本回転率，当座資産回転率，固定資産回転率，棚卸資産回転期間，製品回転期間，仕掛品回転期間，原材料回転期間を算定しなさい。なお，計算にあたって，次のデータを追加する（単位：万円）。

期首当座資産51,000，期首固定資産200,000，期首総資本310,000

期首棚卸資産22,300（内訳：製品15,000，仕掛品3,800，原材料3,500）

期末棚卸資産20,000（内訳：製品12,000，仕掛品4,000，原材料4,000）

[解　答]

■回転率分析

$$総資本回転率 = \frac{240,000}{(310,000 + 300,000) \div 2} \fallingdotseq 0.79回$$

$$当座資産回転率 = \frac{240,000}{(51,000 + 49,000) \div 2} = 4.80回$$

$$固定資産回転率 = \frac{240,000}{(200,000 + 200,000) \div 2} = 1.20回$$

■回転期間分析

$$棚卸資産回転期間 = \frac{(22,300 + 20,000) \div 2}{240,000} \times 365 \fallingdotseq 32.17日$$

$$製品回転期間 = \frac{(15,000 + 12,000) \div 2}{240,000} \times 365 \fallingdotseq 20.53日$$

$$仕掛品回転期間 = \frac{(3,800 + 4,000) \div 2}{240,000} \times 365 \fallingdotseq 5.93日$$

$$原材料回転期間 = \frac{(3,500 + 4,000) \div 2}{240,000} \times 365 \fallingdotseq 5.70日$$

※なお，計算上生じた端数は小数点第3位を四捨五入した。

経営効率は収益性の源泉となっている。この分析により，企業活動の効率を回転速度して測定できるので，経営効率を増進するためのボトルネックがどこに存在するかが発見できる。

4 THリテイリングの財務分析結果の判定と問題解決の糸口の発見

(1) 結果とその評価

得られた数値を数期間に渡って趨勢観察することによって，あるいは業界平均値との比較によって，安全性，収益性の財務分析結果を総合的に評価できる。**図表2-4**はTHリテイリングにおける過去4年間の売上高，売上総利益，営業利益の趨勢観察である。毎年，売上高の減少とともに，売上総利益，営業利益も同時に減少していることがわかる。

図表2-4からは4年前から売上高が減少し始め，20X4年の売上高は20X1の75%に，売上総利益は53%に，営業利益は70%に落ち込んだことがわかる。さらに，**図表2-4**をグラフにすると，**図表2-5**のようになり，その趨勢は明確である。また，**図表2-6**はTHリテイリングの各経営指標と業種平均値と比較した表である。

図表2-4　最近4年間の売上高，売上総利益，営業利益の趨勢　（単位：万円）

	20X1年	20X2年	20X3年	20X4年
売 上 高	320,000	300,000	270,000	240,000
売上総利益	70,000	60,000	40,000	37,000
営 業 利 益	10,000	9,300	8,200	7,000

図表2-5　最近4年間の売上高，売上総利益，営業利益の趨勢

（単位：万円）

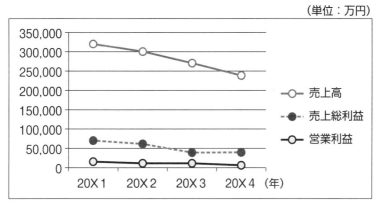

　図表2-6のデータのうち，安全性分析から流動比率，固定比率，自己資本比率，収益性分析から総資本当期純利益率，自己資本当期純利益率，売上高営業利益率，売上高経常利益率，総資本回転率，固定資産回転率，棚卸資産回転期間を取り出して総合評価表を作成すると，図表2-7のとおりである。

　選択した10個の財務指標について同等のウエイトづけをし，実際比率を標準比率で割り算し，関係比率を求め，これとウエイトを乗じることによって，評価値を算定した（なお，固定比率と棚卸資産回転期間については他の指標と異なり低い方が望ましいので，標準比率を実際比率で割り算し，関係比率を求めた）。10個の評価値の合計は82.4であり，これは基準値100を下回る。したがって，THリテイリングの財務分析結果は標準以下であると判断される。

図表2-6　各経営指標の業種平均との比較

安全性分析

	業界平均値	THリテイリング	評価
流　動　比　率	114.29%	125.00%	◎
当　座　比　率	65.00%	61.25%	○
固　定　比　率	129.41%	153.85%	△
固 定 長 期 適 合 率	95.65%	90.91%	◎
自 己 資 本 比 率	56.67%	43.33%	×
負　債　比　率	76.47%	130.77%	×

収益性分析1（利益率を示す指標）

	業界平均値	THリテイリング	評価
総 資 本 営 業 利 益 率	2.67%	2.30%	△
総 資 本 経 常 利 益 率	3.33%	1.97%	×
総 資 本 当 期 純 利 益 率	2.06%	1.24%	×
自 己 資 本 当 期 純 利 益 率	3.64%	2.91%	×
売 上 高 総 利 益 率	16.67%	15.42%	○
売 上 高 営 業 利 益 率	3.33%	2.92%	△
売 上 高 経 常 利 益 率	4.17%	2.50%	×
売 上 高 当 期 純 利 益 率	2.58%	1.58%	×

収益性分析2（経営効率を示す指標）

	業界平均値	THリテイリング	評価
総 資 本 回 転 率	1.09回	0.79回	×
当 座 資 産 回 転 率	5.27回	4.80回	○
固 定 資 産 回 転 率	1.09回	1.20回	◎
棚 卸 資 産 回 転 期 間	27.38日	32.17日	△
製 品 回 転 期 間	18.25日	20.53日	△
仕 掛 品 回 転 期 間	4.04日	5.93日	×
原 材 料 回 転 期 間	5.08日	5.70日	○

※表中の評価の欄の「◎」は達している，「○」はおおむね達している，「△」は達していない，「×」は大幅に達していない。

図表2-7　指数法による総合評価

	財務指標	ウエイト	実際比率	標準比率	関係比率	評価値
安全性	流　動　比　率	10	125.00	114.29	1.09	10.9
	固　定　比　率	10	153.85	129.41	0.84	8.4
	自　己　資　本　比　率	10	43.33	56.67	0.76	7.6
収益性	総資本当期純利益率	10	1.24	2.06	0.60	6.0
	自己資本当期純利益率	10	2.91	3.64	0.80	8.0
	売上高営業利益率	10	2.92	3.33	0.88	8.8
	売上高経常利益率	10	2.50	4.17	0.60	6.0
	総　資　本　回　転　率	10	0.79	1.09	0.72	7.2
	固　定　資　産　回　転　率	10	1.20	1.09	1.10	11.0
	棚　卸　資　産　回　転　期　間	10	32.17	27.38	0.85	8.5
	合　　　計	100	—	—	—	82.4

出所：表の作成手法は山田庫平責任編集（2008）『経営管理会計ハンドブック』東京経済情報出版，p.181を参照した。

(2) THリテイリングの財務分析に基づく問題点の発見

　これまで，THリテイリングの財務状態を2つの観点から分析した。THリテイリングの財務分析結果はかなり深刻である。再建委員会のメンバーはこの結果に愕然とした。これでは業界他社と勝負にならないことは明白である。再建委員会のメンバー全員は，今やらなければならないことが自部門の正当性の主張ではなく，全社（全部門）一丸となってこの難局を乗り切らなければならないことに気付いた。

　もちろん直接的な経営不振の原因は，販売の不調から生じているが，安全性，収益性の各分析から得られた知見は次のとおりである。

　安全性分析の結果は流動比率と固定長期適合率が小幅に業界平均値を上回ったものの，当座比率，固定比率は業界平均値を小幅に下回った。残りの自己資本比率，負債比率については業界平均値を大幅に下回った。安全性の観点からは負債の減少，自己資本比率の上昇，負債比率の減少に努めなければ

ならない。具体的な方策としては,「不必要な掛買を減らす(買掛金の減少)」,「借入金を減らす(有利子負債の減少)」,「自己資本を増強する」が考えられ,これによって改善が図られる。

収益性分析(利益率を示す指標)の結果は,軒並み業界平均値以下であった。売上高総利益率はおおむね業界平均値に届いているが,それ以外の利益率は業界平均値を下回る。大きな理由として,営業外費用にかなりの支払利子が含まれており,有利子負債が生み出す利息の支払いがかなりの重荷となっている。これを裏づけるように,売上高営業利益率2.92%は業界平均値3.33%のおよそ88%であったが,売上高経常利益率になると業界平均値の60%弱にまで下落している。これは先の安全性分析の結果で提示された施策によって改善しなければならない。

収益性分析(経営効率を示す指標)の結果も,固定資産回転率を除いて,業界平均値をほぼ下回った。当座資産回転率,原材料回転期間は小幅に下回った。総資本回転率,棚卸資産回転期間は業界平均値をかなり下回った。総資本回転率は売上高の増加,とくに棚卸資産の縮小により改善する。棚卸資産のデータをみると,棚卸資産回転期間のうち,製品,仕掛品の回転期間は平均値よりかなり下回り,原材料のそれは小幅に下回った。低い総資本回転率は棚卸資産回転期間が長いことが一因である。製品回転期間の長期化は販売不振における不良在庫の存在を反映している。仕掛品回転期間は生産の効率性を示し,業界標準値より長い回転期間は工程の不能率が反映されている可能性がある。わずかであるが,原材料回転期間が長く,原材料が過剰に仕入れられている可能性がある。原材料の在庫を減らして,総資産の縮小,棚卸資産の縮減を目指さなければならない。

上記の分析を受けて調査したところ,次のことが明らかになった。

原材料の注文は期間ベースで行っており,必ずしも消費量や適正在庫量に基づいてはいなかったので,原材料が過剰在庫状態になるケースも多かった。また,仕掛品の発生については,裁断と縫製の連携が取れなかったために,

裁断した生地が縫製に入れずに，工程間在庫となる場合があった。このため，工程はシンプルなはずなのに仕掛品が多く発生していた。これは原材料の調達，在庫，消費の過程，裁断，縫製，点検の製造過程を見直し，体系的な生産計画を立てる必要がある。製品在庫については，売れなければ在庫が増加するので，販売状況をみながら，生産調整をしていかなければならない。

　今回，THリテイリングは**図表2-8**のような再建策の大枠を社内に公表した。

図表2-8　HTリテイリングの再建策第1案

再建のために（その1）

総資本当期純利益率を業界平均値の2.06%に引き上げる。

・有利子負債の減少（長期借入金の返済計画の策定）

・適正在庫へのスケールダウン（原材料，仕掛品，製品）

・製造工程の効率化（工程間在庫の削減）と原価の削減

　このような再建策の公表は，社内における全社的な目標を示すことになる。この再建策に基づいたより具体的な実行計画が各部門で策定されれば，再建委員会の議論はより具体的になるであろう。かくて再建委員会の第一歩が標された。このように，財務分析は企業内存在する問題の発見に役立つ。

問1　財務分析の意義について論じなさい。

問2　特定の業種の2社を選び，財務分析を行い，コメントしなさい。

〈参考文献〉

桜井久勝（2010）『財務諸表分析』中央経済社。

中小企業庁HP：中小企業の経営指標（中小企業経営調査）http://www.chusho.meti. go.jp/koukai/chousa/keiei_sihyou/index.html（2010年8月取得）。

山田庫平責任編集（2008）『経営管理会計ハンドブック』東京経済情報出版。

 進んだ学習

●非財務情報

　近年，非財務情報の重要性が高まっている。この場合，財務情報とは利益，収益，コストなどといった情報，いわば会計情報であり，非財務情報とは顧客満足度，市場シェア，不良率，従業員満足度などに関する情報である。

　本章で論じた財務分析は，財務諸表から得られた情報のみを通じて企業業績を評価する手法であるが，こうした情報のみでは真の企業活動を評価できない。なぜならば，財務諸表に記載されている情報は定量的な情報だからであり，これ以外の企業の定性的な情報も評価されなければならないからである。このように，財務諸表に記載されない情報の重要性に注目が集まっており，非財務側面のパフォーマンスの測定は今後の課題である。

　⇒第14章　バランスト・スコアカード，第15章　総合報告参照

第 3 章

原価計算
― 適正な製品原価の算定のために ―

本章のポイント

● 原価計算とは何か
● 原価計算の計算構造について学ぶ
● 原価計算の種類を学ぶ
● 製品原価を算定する

川口縫製の原価計算

　川口縫製は中堅のアパレルメーカーである。主として婦人服の企画，製造（製品の工程の一部は外注している），販売を行っているが，最近では余剰生産能力を利用して，服飾デザイン専門学校などからの個別注文も受けている。主力製品の婦人服は同一品を大量に製造するので，大量見込生産方式が採用されている。他方，個別注文は1着ないし小ロットの製造なので，個別受注生産方式が採用されている。

　これまで川口縫製は原価計算といえるシステムを有してこなかった。原価は，次のように計算していた。材料費，労務費の合計と労務費に250％を乗じた金額を合計して製造原価とした。個別注文に関しては，これを製造原価とした（材料が持ち込まれる場合には，労務費と労務費に250％を乗じた金額を合計して製造原価とした）。他方，婦人服の場合には，製造原価をさらに完成品数量で割り算して，完成品単位原価を計算した。これは製品の販売価格を決定するための基礎資料となり，現場から提供された。

　このように，川口縫製は体系だった原価計算を行わずに，かつて現場の職人が原価を見積もり，それに基づいて価格を計算していた時代の方式をそのまま変更せずに使用していた。いわば，原価はどんぶり勘定（大まかな計算）であった。この方式が最初に工夫された当時は，作れば売れる時代であり，競合他社も少なかったので，なんら不都合を感じなかったし，現場に明確なコスト意識もなかった。何よりも，長年勤めた職人の勘は比較的正しかった。しかしながら，やがてそうした熟練工が定年となり，パート従業員が主たる工場労働力に，また裁断などに自動機械を導入したために，その製造環境は一転した。加えて，競合他社が現れ，市場における価格競争は徐々に激化した。このような状況下では，適正な販売価格設定のための精緻な原価計算システムの構築とコスト管理が市場競争力を高めるために必要とされた。こうした

観点を鑑みると，これまでの川口縫製の原価計算に対する考え方は明らかに時代遅れであった。そこで，昨年，経理課は製品原価算定用の原価計算システムを導入した。

1 原価計算とは

　精緻な原価計算システムの構築は，製造業の根幹である。高く計算された原価による高い価格の設定は市場競争力を減退させ，低く計算された原価による原価を割った価格の設定は「売れば売るほど」損失を生じさせる。競争力強化のために，原価計算の見直しはまず手をつけなければならないポイントであり，適正な原価計算システムの構築は市場における持続的な競争優位の確保に貢献する。

　原価計算は製造工程において，製品を製造するために消費した財の価値犠牲分を製品ごとに計算する手法である。いわば，製品原価を算定するために考え出された手法である。こうした製品原価算定のための原価計算は費目別計算，部門別計算，製品別計算という3つの計算過程を経て実施される（規模により部門別計算は実施されない）。このとき，原価計算は期間損益計算機構の中に組み込まれて実施されるので，本来原価計算は単位当たり計算であるが，期間計算として行われることも多い。こうした製品原価算定のための原価計算思考から，原価管理（標準原価計算），利益管理（直接原価計算）などの業績管理手法，業務的意思決定や戦略的意思決定などの経営意思決定手法が派生した。本章では，製品原価算定のための原価計算に焦点を当てる。

2 原価とは

原価計算の計算対象は原価である。原価は「経営目的を遂行するために消費する有形無形の財の価値犠牲分である」と定義できる。具体的には，原価の定義は一般原価概念，機能別原価概念，要素別原価概念に分けられ，一般原価概念では原価に関する普遍的な定義，機能別原価概念では使用目的による定義，要素別原価概念では実際に原価を計算するための具体的な定義がなされている。

本章は製品原価算定のための原価計算に焦点を当てるので，本節では最も具体的な計算するための概念である要素別原価概念を説明する。

(1) 製品原価算定のための原価分類

原価が材料費，労務費，経費に分類された場合，これを形態別分類という。この分類は原価を計算するうえで，最も基本的な原価分類である。さらに，原価は製品との関連から直接費と間接費に分類される。この2つの分類を組み合わせると，原価は直接材料費，間接材料費，直接労務費，間接労務費，直接経費，間接経費に分類できる。これが製品原価算定のための原価の基礎的な分類である（**図表3-1**）。

図表3-1　製品原価算定のための原価分類

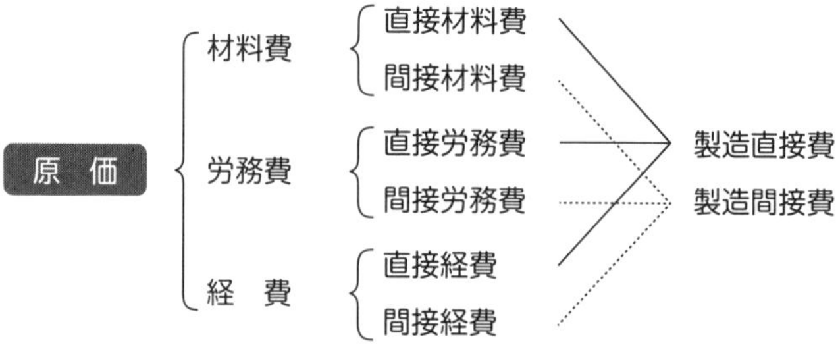

　直接材料費，直接労務費，直接経費の合計は製造直接費，間接材料費，間接労務費，間接経費の合計は製造間接費と呼ばれる。この両者を合算すると，製造原価となる。さらに，製造原価に販売費および一般管理費を加えたものが総原価である。このように，原価には製造原価と総原価の2種類が存在する。製造原価（材料費，労務費，経費の合計）は製造からのみ生じた原価であるが，総原価は製造原価に加えて，販売や管理によって生じた販売費および一般管理費を含む。一般的に，原価計算で単に原価という場合には，製造原価（＝製品原価）のみを意味する。これらの原価要素を式による原価および販売価格の計算として示せば，次のとおりである。

　　　　直接材料費＋直接労務費＋直接経費＝製造直接費…………①
　　　　間接材料費＋間接労務費＋間接経費＝製造間接費…………②

　　　　　①製造直接費　　　　　③製造原価
　＋）②製造間接費　　　＋）　販売費および一般管理費
　　　製造原価…………③　　　　総原価…………④

　　　　④総原価＋利益＝販売価格…………⑤

図表3-2　製品原価算定のための原価構成

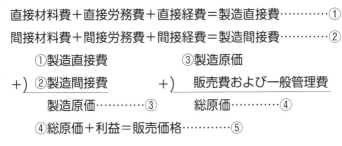

また，これらの原価要素の集計を図示すると，**図表3-2**のような構成となる。この図は個別受注製品の原価集計と価格決定を前提としている。

(2) その他の原価分類

製品原価算定のための原価分類は，形態別分類および製品関連分類が中心であるが，そのほかにも管理目的のためには操業度（営業量）との関連分類，管理可能性による分類などが有効である。

操業度に注目すると，原価は操業度の増減に一定している原価と操業度の増減に比例して変化する原価に分類できる。前者は固定費，後者が変動費である（**図表3-3**）。操業度は準備された能力の利用度合いであり，生産量は代表的な指標である。ある経営意思決定を検討する場合，ある原価がその決定の作用因になるか否かが大きな問題となる。そこで，この原価分類は経営意思決定に有用な情報を提供する。

管理可能性に注目すると，原価はある階層の管理者にとって管理可能であっても，他の階層の管理者にとって管理不能な場合がある。こうした観点から，原価は管理可能費，管理不能費に分けられる。たとえば，機械保険料の決定権が本社の管理者にある場合，本社の管理者にとって機械保険料は管理可能費であるが，工場の管理者にとって同一費目である機械保険料は管理不

図表3-3　操業度との関連による原価の分類

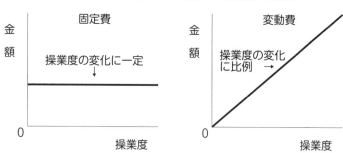

能費である。したがって，この原価分類は部門管理者などの責任を測定する際に大きな役割を果たす。

3 材料費の集計

　材料費は「物品の消費によって生じた原価」であり，直接材料費と間接材料費に分類される。直接材料費は主要材料費，買入部品費，間接材料費は補助材料費，工場消耗品費，消耗工具器具備品費から構成される。

　材料費計算は材料の購入原価の計算と材料消費額の計算，後者は消費数量の計算と消費価格の計算から構成される。このとき，材料元帳が材料費計算の中心になる。

【設例3-1】

　次の資料に基づいて，直接材料AとBの材料元帳を作成し，製品No.31，製品No.12の直接材料費を計算しなさい。なお，実際消費量は継続記録法で，実際消費価格は材料Aが先入先出法，材料Bが移動平均法で把握されている。

〈資料〉

6月1日	前月繰越	材料A	40個	@3,000円	120,000円
		材料B	30個	@2,000円	60,000円
3日	購入	材料A	20個	@3,100円	62,000円
		材料B	60個	@2,300円	138,000円
8日	出庫	材料A	50個	（製品No.31のために使用）	
		材料B	60個	（製品No.12のために使用）	

解　答

材料A

材料元帳

日付		摘要	受　入			払　出			残　高		
			数量	単価	金額	数量	単価	金額	数量	単価	金額
6	1	前月繰越	40	3,000	120,000				{ 40	3,000	120,000
	3	購　　入	20	3,100	62,000				{ 20	3,100	62,000
	8	払　　出				{ 40	3,000	120,000			
						{ 10	3,100	31,000	10	3,100	31,000

材料B

材料元帳

日付		摘要	受　入			払　出			残　高		
			数量	単価	金額	数量	単価	金額	数量	単価	金額
6	1	前月繰越	30	2,000	60,000				30	2,000	60,000
	3	購　　入	60	2,300	138,000				90	2,200	198,000
	8	払　　出				60	2,200	132,000	30	2,200	66,000

製品No.31の直接材料費120,000円＋31,000円＝151,000円

製品No.12の直接材料費132,000円

4 労務費の集計

　労務費は「労働力の消費によって生じた原価」である。労務費は支払労務費と消費労務費に分類される。前者は実際に支払われた労務費（たとえば，24日〜翌月23日）であり，後者は原価計算で計算される労務費（月初〜月末）である。さらに，後者は直接労務費と間接労務費に分けられる。

　直接労務費は直接工の直接賃金であり，直接工が直接作業に従事したとき生じる。

　間接労務費は直接工間接賃金（直接工が間接作業に従事した際の賃金），間接工賃金（間接工が作業に従事した際の賃金），手待賃金（手待時間に対

して直接工に支払われた賃金），給料（事務員，監督者に対して支払われる
給与），雑給（臨時雇やパートタイマーの労働に対して支払われる給与），従
業員賞与・手当（支払われる賞与，扶養家族手当，住宅手当，通勤手当），
退職給付費用，法定福利費（社会保険料など会社負担額）を含む。

【設例3-2】

次の資料に基づき，当月の直接労務費と間接労務費を計算しなさい。

〈資料〉

1．直接工に関するデータ

出勤票の内訳		賃率および作業時間の内訳	
定時間勤務	700時間	予定平均賃率	800円／時間
定時間外勤務	50時間	直接作業時間	650時間
		間接作業時間	95時間
		手待時間	5時間

なお，定時間外勤務による割増賃金分は予定平均賃率の25％であり，間接労務
費として計算する。

2．間接工に関するデータ

間接工	
前月未払額	64,000円
当月支給総額	645,000円
当月未払額	82,000円

解　答

直接労務費　520,000円

　　直接工の直接賃金：800円／時間×650時間＝520,000円

間接労務費　753,000円

　　　直接工の間接賃金：800円／時間×95時間＝76,000円

　　　直接工の手待時間：800円／時間× 5 時間＝4,000円

　　　直接工の割増賃金：（800円／時間×25%）×50時間＝10,000円

　　　間接工の間接賃金：645,000円－64,000円＋82,000円＝663,000円

5 経費の集計

　経費は「材料，労働力の消費以外で生じた原価」であり，直接経費と間接経費に分類される。前者の直接経費は外注加工賃，特許権使用料など，後者の間接経費は水道光熱費，減価償却費，租税公課，棚卸減耗費，保険料，通信費，雑費，修繕費などである。

　経費は基本的に月割経費，発生経費，支払経費，測定経費に分類できる。

【設例 3-3】

　次の資料に基づいて，当月の直接経費（外注加工賃のみを直接経費として処理している）と間接経費の金額をそれぞれ算定しなさい。

〈資料〉

1 ．電力料	当月支払額	22,000円	当月測定額	24,000円
2 ．消耗品費	月初棚卸額	5,000円	当月購入額	34,000円
	月末棚卸額	7,000円		
3 ．外注加工賃	前月未払額	12,000円	当月支払額	28,000円
	当月未払額	8,000円		
4 ．保険料	年間保険料	180,000円		
5 ．備品減価償却費	取得原価	200,000円	耐用年数	5 年
	残存価額は取得原価の10%		減価償却方法は定額法	

6．棚卸減耗費　　　年間発生見積額　96,000円

[解　答]

直接経費　24,000円

外注加工賃：28,000円－12,000円＋8,000円＝24,000円

間接経費　82,000円

電力料：24,000円（支払額ではなく測定額）

消耗品費：5,000円＋34,000円－7,000円＝32,000円

保険料：180,000円÷12ヵ月＝15,000円

備品減価償却費：$\dfrac{200,000円－20,000円}{5 年}÷12ヵ月＝3,000円$

棚卸減耗費：96,000円÷12ヵ月＝8,000円

6　製造間接費の集計

　材料費，労務費，経費の集計によって，原価はさらに直接費と間接費とに区分され，直接材料費，直接労務費，直接経費の合計は製造直接費，間接材料費，間接労務費，間接経費の合計は製造間接費となる。

　製造直接費は製品との関連が明確なので，製品別に計算することは簡単である。これは直課ないし賦課と呼ばれる。他方，製造間接費は製品との関連が明確ではないので，何らかの基準を設けて製品別に配分計算しなければならない。これを配賦と呼ぶ。配賦のための基準としては，直接材料費，直接労務費，素価（直接材料費＋直接労務費）などの金額基準や直接作業時間，機械運転時間などの物量基準が用いられる。選択された配賦基準は，製造間接費の発生と密接な関連性をもっていると仮定されている。製造間接費は次のような式で計算できる。

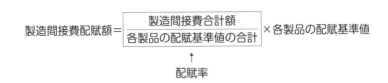

製造間接費配賦額 = $\dfrac{製造間接費合計額}{各製品の配賦基準値の合計}$ × 各製品の配賦基準値

↑
配賦率

【設例3-4】

次の資料に基づいて，①直接労務費基準と②機械運転時間基準によって，製造間接費実際発生額を製品 No.22 に実際配賦しなさい。

〈資料〉

	製品 No.22	工場合計
直 接 労 務 費	300,000円	1,000,000円
機 械 運 転 時 間	600時間	1,600時間
製 造 間 接 費	？	1,200,000円

[解　答]

① 製品 No.22 への直接労務費基準による製造間接費配賦額は360,000円となる。

② 製品 No.22 への機械運転時間基準による製造間接費配賦額は450,000円となる。

[解　説]

① 製品 No.22 への製造間接費配賦額 = $\dfrac{1,200,000円}{1,000,000円}$ × 300,000円

= 360,000円（なお，配賦率は1.2）

② 製品 No.22 への製造間接費配賦額 = $\dfrac{1,200,000円}{1,600時間}$ × 600時間

= 450,000円（なお，配賦率は750）

このように，配賦基準の選択により異なった数値が算定されてしまうので，適切な配賦基準の選択は精緻な原価計算システム構築の最重要課題である。

7 部門費の集計

上述のとおり，「いかに製造間接費を合理的に配賦するか」は大きな問題である。そこで，一つの解決方法として，製造間接費を直接に製品へ配賦するのではなく，まず工場をいくつかの場所に区切って場所別に把握することが考えられる。この原価集計場所を部門と呼ぶ（**図表3-4**）。部門は工場の組織的，技術的区分であり，製造部門と補助部門に大きく分けることができる。製造部門は製造を行う部門であり，補助部門は製造部門を補助する部門である。部門費計算の最大の目的は製品原価の計算の精確性を高めるために，工場をいくつかの部門に分けて製造間接費を直接費化して把握することである。

図表3-4　縫製工場の部門

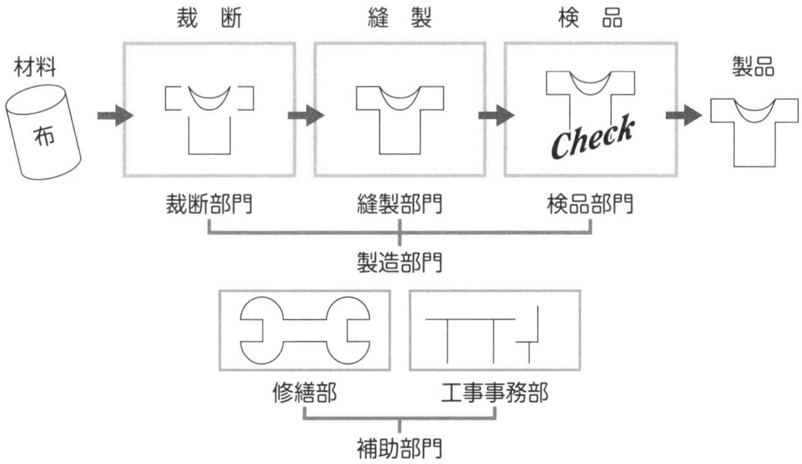

製造間接費は部門を設定して集計すると，その部門ではあたかも直接費のように当該部門にのみ発生する固有の製造間接費をみつけることができる。

これが部門個別費である。他方，部門を設定してもやはり部門に対して直接的には認識できない製造間接費がある。これが部門共通費である。

部門費計算の手順は，以下のとおりである。

① 工場の各作業区分を製造部門と補助部門に区分する。

② 製造間接費を「部門費配分表」によって部門個別費と部門共通費とに分けて各部門に集計する（第1次集計）。部門個別費は部門に直課できるが，部門共通費は何らかの基準で各部門へ配賦計算を行う。

③ 各補助部門費を「補助部門費配賦表」によって，製造部門に配賦する（第2次集計）。

第1次集計は製造間接費を各部門に配分する手続きである（**図表3-5**）。このとき，部門費配分表によって，部門個別費は直接的に部門に直課し，部門共通費は配賦基準によって各部門に配賦する。すなわち，第1次集計では部門の設定によって，一部の製造間接費を直接費化して集計する試みがなされるのである。

図表3-5　第1次集計における原価分類

【設例3-5】

次の資料に基づいて，部門費集計表を完成させなさい。

〈資料〉

1．部門個別費

(単位：円)

| | 製造部門 | | | 補助部門 | | 合　計 |
	裁断	縫製	検品	修繕	工場事務	
部門個別費	130,000	200,000	40,000	3,000	7,000	380,000

2．部門共通費

減価償却費　80,000円　保険料　20,000円

3．部門共通費の配賦基準となる数値

	裁断	縫製	検品	修繕	工場事務
減価償却費	2	4	2	1	1
保　険　料	4	3	1	1	1

解　答

部門費集計表

(単位：円)

| 費　目 | 合計 | 製造部門 | | | 補助部門 | |
		裁断	縫製	検品	修繕	工場事務
部門個別費	380,000	130,000	200,000	40,000	3,000	7,000
部門共通費						
減価償却費	80,000	16,000	32,000	16,000	8,000	8,000
保　険　料	20,000	8,000	6,000	2,000	2,000	2,000
部門費合計	480,000	154,000	238,000	58,000	13,000	17,000

第2次集計は補助部門費を製造部門に配賦する手続きであり，第1次集計において把握した補助部門費を補助部門費配賦表によって製造部門に負担させる（**図表3-6**）。

補助部門費を製造部門へ配賦する（第2次集計）方法にはいくつかあるが，

図表3-6　第2次集計における原価分類

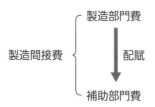

ここでは，下記の2つの方法を説明する。

①　直接配賦法

　補助部門間のサービスの授受を無視して，補助部門費を製造部門に配賦する。計算は簡便であるが，不正確である。

②　相互配賦法

　補助部門間のサービスの授受を考慮して，補助部門費を製造部門に配賦する。

【設例3-6】

　次の資料に基づいて，補助部門費を製造部門に①直接配賦法，②簡便法としての相互配賦法を用いて配賦しなさい。

〈資料〉

1．第1次集計額

（単位：円）

	製造部門			補助部門	
	裁断	縫製	検品	修繕	工場事務
部門費	154,000	238,000	58,000	13,000	17,000

2．補助部門の他の部門への用益提供割合

	裁断	縫製	検品	修繕	工場事務
修 繕 部	3	3	2	—	2
工場事務部	2	3	3	2	—

解　答

① 直接配賦法

補助部門費配賦表　　　　　　　　　　（単位：円）

費　　目	合計	製造部門			補助部門	
		裁断	縫製	検品	修繕	工場事務
部 門 費 合 計	480,000	154,000	238,000	58,000	13,000	17,000
修　　繕　　部	13,000	4,875	4,875	3,250		
工 場 事 務 部	17,000	4,250	6,375	6,375		
製造部門費合計	480,000	163,125	249,250	67,625		

② 相互配賦法（簡便法）

補助部門費配賦表　　　　　　　　　　（単位：円）

費　　目	合計	製造部門			補助部門	
		裁断	縫製	検品	修繕	工場事務
部 門 費 合 計	480,000	154,000	238,000	58,000	13,000	17,000
第 1 次 配 賦						
修　　繕　　部	13,000	3,900	3,900	2,600	—	2,600
工 場 事 務 部	17,000	3,400	5,100	5,100	3,400	—
第 2 次 配 賦					3,400	2,600
修　　繕　　部	3,400	1,275	1,275	850		
工 場 事 務 部	2,600	650	975	975		
製造部門費合計	480,000	163,225	249,250	67,525		

8 製品別計算

　工場において発生した原価は，まず材料費，労務費，経費として把握され，これらは，製品との関連からそれぞれ間接費と直接費とに分類される。この過程が費目別計算である。直接費は製造直接費として製品に直課される。間接費については製造間接費として集計され，部門別に計算が行われる。これ

が部門別計算である。最後に，製造間接費は部門費計算を通じて製品へと配賦され，直課された製造直接費とともに，1個当たりの原価を計算するためのデータとなる。この段階が製品別計算である。なお，製造される製品の種類によって個別原価計算が使われたり，総合原価計算が使われたりする。

(1) 個別原価計算

　個別受注生産工場においては個別原価計算が用いられる。個別受注生産形態の場合，製品が大型かつ特殊なので，1個ないしは1単位の製品を基本的には1回ないしは限定的にしか製造しないので，発生したすべての原価は製品ごとの集計によって計算できる。個別原価計算は造船，特殊機械，建設，土木などの特殊な製品を製造する企業に適用される。このような企業では，発生したすべての原価は1つの製品を単位として集計し，その期間に費やした原価の加算によって製品原価が計算できる。

　個別受注生産企業では，顧客からの注文を受けた後，設計図に基づいてただちに製品の製造を命令する特定製造指図書が作成される。個別原価計算ではこの製造指図書に付された番号ごとに原価を集計していくので，製造指図書は原価算定時に中心的な役割を果たす。すなわち，製造直接費は直接的に各製造指図書別に直課され，製造間接費は各製造指図書別に配賦される。月末において，製品が完成していない場合には月末までに集計された原価が仕掛品原価となるので，改めて月末仕掛品原価を計算する必要はない。以下に提示する式は，個別原価計算の計算構造式である。

直接材料費＋直接労務費＋直接経費＋製造間接費＝製品原価

　個別原価計算における原価の計算は，製造指図書ごとに，原価計算表を作成する。原価計算表は直接材料費，直接労務費，直接経費，製造間接費を製造指図書別に区分集計する表である。

【設例3-7】

次の原価データに基づいて，個別原価計算表を作成し，（指図書別）各製品原価を計算しなさい。

〈資料〉

1．当月の原価データ

製造指図書	直接材料費	直接労務費	直接経費	備考
No.001	10,000円	20,000円	50,000円	前月着手，今月完成
No.002	20,000円	30,000円	40,000円	今月着手，今月未完成
No.003	30,000円	10,000円	20,000円	今月着手，今月完成

2．当月の製造間接費は240,000円であり，直接材料費を基準に配賦する。

3．製造指図書No.001の前月繰越高は8,000円であった。

4．今月中にNo.001とNo.003は完成したが，No.002は未完成である。

[解　答]

個別原価計算表 　　（単位：円）

費目 ＼ 指図書No.	No.001	No.002	No.003
前 月 繰 越	8,000	―	―
直 接 材 料 費	10,000	20,000	30,000
直 接 労 務 費	20,000	30,000	10,000
直 接 経 費	50,000	40,000	20,000
製 造 間 接 費	40,000	80,000	120,000
合 　 計	128,000	170,000	180,000
備 　 考	完 　 成	未完成（仕掛品）	完 　 成

(2) 総合原価計算

　総合原価計算は大量見込生産に適用される原価計算であり，一般的に同種類の製品を販売見込みに従って大量に生産する企業で用いられる。たとえば，食品，ビール，文房具など一般的な日用品を製造する企業である。大量見込生産形態の場合には，1種類の製品を大量に製造し続ける。このような製品は小型かつ安価なので，また投入した材料，労働力，経費から大量の製品が完成するので，最初から原価は1個ないしは1単位の製品ごとに集計することはできない。そこで，発生したすべての原価を期間（たとえば1ヵ月間）で集計し，それを当該期間に完成した製品数量との割り算で，単位原価を計算する。すなわち，割当思考で計算が行われる。製造する製品の種類によって，単純総合原価計算，組別総合原価計算，等級別総合原価計算などに分類できる。

　大量見込生産企業では，販売見込みによる生産計画を立てた後，製品の製造に着手する。このとき，製造指図書が発行されるが，これは個別受注生産の場合とは違って継続製造指図書と呼ばれるものであり，単に製造の開始および終了を指示するだけである。したがって，それは原価の集計単位とはならない。総合原価計算における原価の集計単位は期間（通例1ヵ月）である。

　完成品総合原価は，月初仕掛品原価に当月投入の材料費，労務費，経費を加算し，月末仕掛品原価を引き算することによって計算できる。このとき，月末仕掛品原価の計算がきわめて重要である。月末仕掛品原価は加工進捗度の関係から直接材料費と加工費（直接材料費以外の費目）に分けて平均法や先入先出法を用いて計算することが多い。以下の式が，総合原価計算における計算構造式である。

当月製造費用＝直接材料費＋直接労務費＋直接経費＋製造間接費

＝直接材料費＋加工費[※]

[※]加工費＝直接労務費＋直接経費＋製造間接費

完成品総合原価＝月初仕掛品原価＋当月製造費用－月末仕掛品原価

$$単位当たり製品製造原価（単位原価）＝\frac{完成品総合原価}{製品完成数量}$$

【設例3-8】

次の原価データや生産データに基づいて，製品No.17の総合原価計算表を作成し，完成品総合原価と完成品単位原価を計算しなさい。

〈資料〉

1．原価データ

当月製造費用：材料費 300,000円，加工費 600,000円

月初仕掛品は50,000円，月末仕掛品は40,000円分あった。

2．生産データ

完成品数量　製品No.17：500個

解 答

総合原価計算表　（単位：円）

	製品No.17
月初仕掛品原価	50,000
当月製造費用	900,000
合　計	950,000
月末仕掛品原価	40,000
完成品総合原価	910,000
完成品単位原価	1,820

9 川口縫製の製造原価明細書

川口縫製では実際原価計算システムを昨年より，採用している。本年度1年間の川口縫製の原価計算データは，次のとおりであった（単位：千円）。

〈川口縫製の原価計算データ〉

材料費　　83,000（＝8,000＋85,000－10,000）

期首材料棚卸高　　8,000　　当期材料仕入高　　85,000

期末材料棚卸高　　10,000

労務費　　150,000（＝151,000－2,000＋1,000）

前期未払賃金　　2,000　　当期支払賃金　　151,000

当期未払賃金　　1,000

経　　費　　440,000

棚卸資産

期首仕掛品棚卸高　　4,000　　期末仕掛品棚卸高　　3,000

期首製品棚卸高　　5,000　　期末製品棚卸高　　7,000

上記のデータをもとに，製造原価明細書を作成すると，以下のとおりである。

製造原価明細書		（単位：千円）
1　材料費		
期首材料棚卸高	8,000	
当期仕入高	85,000	
計	93,000	
期末材料棚卸高	10,000	83,000
2　労務費		150,000
3　経費		440,000
当期総製造費用		673,000
期首仕掛品棚卸高		4,000
計		677,000
期末仕掛品棚卸高		3,000
当期製品製造原価		674,000

10 川口縫製の原価計算システム

　適切な原価計算システムの構築は容易ではない。目にみえない価値消費を可視化し，適正に各製品への価値移転を算定しなければならない。この過程で最も重視されるべきは製造間接費の配賦である。これが原価計算システムの良否を決する。これまで，川口縫製では製品への価値移転を無視した原価の計算が行われてきた。すなわち，労務費に経験値としての加算率（250%）を設定し，これをもとに，いわば製造間接費に相当する部分を計算した。川口縫製がこの方式を考案した当時は労働集約的な色合いが大変濃く，工程のすべてが手作業であった。そこで，労務費を基準とした製造間接費の計算は，それなりの合理性が存在していた。しかしながら，近年機械化が進み，裁断工程を中心に機械化され，資本集約的な側面も考慮する必要性が生じた。この変化により，旧方式では基本的には間接費を製品へ過小配賦する傾向がみられ，実際に生じた価値消費より，少ない原価を計算してきたとみられる。これでは，直接費はまだしも生産に要したすべての設備費用を原価から回収できない事態が発生していた。旧方式の原価計算で計算した製造原価（仮に，製造原価明細書の材料費と労務費を使用してみると）は，以下のとおりである。

　　（83,000千円＋150,000千円）＋150,000千円×250%＝608,000千円

　旧方式による製造原価は608,000千円であり，これまでに示した川口縫製の実際原価計算システムによる製造原価は674,000千円である。両者の製造原価間にかなりの金額の違いが出た。これまで，労務費を基準とした製造間接費の計算をしていたために，実際に要したよりも低い原価が計算されていたと考えられる。この原価に基づいて価格設定が行われていたので，明らかにすべての原価が回収できない事態が発生していた。したがって，経営管理者が「売れた」という感覚と「生じた利益」が乖離していた。ある年，販売

高（売上高）が前年を上回り，かなりの営業利益を期待したが，結果は期待に反した。

　原価計算システムの整備によって，より正しい原価の算定が可能になり，少なくともどんぶり勘定で，原価を計算していたときよりは改善された。しかしながら，偶然の要素によって変化する製造間接費の実際配賦や多様な要素から構成されている製造間接費を製品に配賦する方法への批判は免れないであろう。これについては，製造間接費の予定配賦法や複数基準配賦法の導入などの改善策が考えられる。さらに，製造間接費計算の精緻化のために，活動基準原価計算を適用するのも一案であろう（活動基準原価計算については，第11章で学ぶ）。

練習問題

　問1　管理会計における原価計算の位置づけを論じなさい。
　問2　川口縫製の原価計算システムの改善点について論じなさい。

〈参考文献〉

岡本　清（2000）『原価計算　六訂版』国元書房。
櫻井通晴（2009）『管理会計　第四版』同文舘出版。
建部宏明，山浦裕幸，長屋信義（2018）『基本原価計算　第五版』同文舘出版。

第 4 章

標準原価計算
― 作業能率を向上するために ―

本章のポイント

- ● 原価管理には広狭２つの概念がある
- ● 作業能率を測定し，管理する方法を理解する
- ● 標準原価計算の方法を理解する
- ● 費目ごとに原価差異を分析する

NONA社の作業能率はどうなっているのか？

　NONA社は，製品Xを量産するメーカーである。ここ数カ月販売が伸び悩み，頭打ちの状態である。販売量が一定で変わらないので，生産量もそれにともなって変化していない。そこで少しでも利益を上げるために，原価引下げが検討された。販売部門と製造部門から出された意見の要旨は，次のとおりである。当社では製品原価の計算方法として，従来から実際総合原価計算を採用しており，製造間接費は実際配賦している。

●販売部門

　「最近は消費者の購買意欲が薄れているせいか，製品Xの販売が伸び悩んでいる。大規模なプロモーションをしないと販売量を増やすことは困難なのではないか。また，販売価格を下げて販売量を増やすことも考えられるが，大きな利益増加にはつながらないだろう。やはり，製造原価の引下げが必要である。」

●製造部門

　「販売量が変わらないので，生産量も変わっていない。製造原価を引き下げるためにはやはり，大量生産が必要である。毎月の製造原価はほぼ一定なので，原価引下げのためには，材料の購入価格を下げてほしい。これは材料購買部門の責任である。また先月は新しい設備を導入して，生産能率も上げている。

　そこで直近3カ月の製造原価を調べてみると，次のようになっていた。

	1月	2月	3月
生産量	1,000個	1,000個	1,000個
直接材料費	577,000円	568,000円	539,000円
直接労務費	465,000円	482,000円	495,000円
製造間接費	421,000円	417,000円	429,000円
製造原価	1,463,000円	1,467,000円	1,463,000円
単位原価	@1,463円	@1,467円	@1,463円

その結果，毎月の製造原価はほぼ同じであるが，その内訳が違うことがわかった。直接材料費が抑えられている月があれば，製造間接費が多く発生している月もある。ちなみに3月の製造間接費の増加は，新設備の導入によるものと考えられる。果たして，どの原価を製品本来の製造原価と考えてよいのだろうか。これらを比較して，製造活動の良否を判断してもいいのだろうか。これらの製造原価の良否を判断するために，よい方法はあるだろうか。

1 原価引下げの方法

　企業の最大の目的は，利益の極大化である。収益－費用（原価）＝利益なので，利益を極大化するためには，費用（原価）の削減が必要である。この費用削減のための方策が原価管理である。

　原価管理には，いくつかの考え方がある。その1つに原価管理を計画と統制の側面に分けて，原価計画（cost planning）と原価統制（cost control）とする考え方がある。原価計画は原価低減（cost reduction）ともいわれ，原価引下げのための計画設定であり，原価統制はコスト・コントロールともいわれ，原価引下げのための統制活動である。

　この考え方から，従来原価管理は広狭2つの解釈がされてきた。狭義の原価管理とは原価統制すなわちコスト・コントロールのことで，現在の製造環境のもとで，達成目標として設定された原価の標準に向けてその発生を管理し，原価の標準を維持することによって，原価引下げを実現することである。標準原価計算は狭義の原価管理のために有効なツールである。

　広義の原価管理とはコスト・マネジメント（cost management）のことで，狭義の原価管理（原価統制）と原価計画を含む総合的な原価管理である。利益管理とも関連し，製造環境の変更も考慮し，利益とのかかわりで相対的に原価を引き下げることである。

本章では狭義の原価管理のための手法として，標準原価計算を考察したい。広義の原価管理，さらには新しい原価管理の考え方については，次章以降で改めて考察することとする。

2 標準原価計算とは

標準原価計算は，生産現場における能率管理の方法として20世紀初頭のアメリカで考案された。実際原価計算の欠点を補うために科学的管理法の考え方を取り入れた原価計算で，第1次世界大戦後の不況期に広く普及した。

実際原価計算では，製品原価を製品の製造のために実際に費消した原価（実際原価）として計算する。しかし，実際原価は歴史的原価であるために，偶然による異常な原価の発生を含むので，真実の原価を表さないという考え方がある。そのため実際原価は，財務諸表作成や契約価格算定などには有効であるが，能率の尺度としての役割を果たさず，原価管理には役立たない。

これに対して標準原価計算制度は，「製品の標準原価を計算し，これを財務会計の主要帳簿に組み入れ，製品原価の計算と財務会計とが，標準原価をもつて有機的に結合する原価計算制度」で，「必要な計算段階において実際原価を計算し，これと標準との差異を分析し，報告する計算体系」（「原価計算基準」二）である。

標準原価計算の第一の目的は，効果的な原価管理を行うことである。そのために達成目標としての標準原価を設定し，実際の活動の結果として発生した実際原価との差異を分析・計算し，次期以降にそのような差異が生じないように是正措置を講じる。このことによって，次期以降の製造原価を目標に近づけ，原価の引下げを可能にする。

さらには，財務諸表作成のために，歴史的原価である実際原価ではなく，標準原価を真実の原価として仕掛品，製品などの棚卸資産価額および売上原

価を算定する基礎に提供することも目的としている。しかし現行の会計制度では，標準原価だけでの財務諸表作成は認められず，正常な原因によって発生した原価差異は売上原価に加減され，調整計算が行われる。

　また，記帳手続の迅速化，予算編成や経営意思決定のための資料提供も目的としている。

3 標準原価の種類

　次に標準原価の種類についてみていきたい。標準原価は，(1) 改訂の頻度および (2) 標準の厳格度によって分類することができる。

(1) 改訂の頻度による分類

　標準原価は，状況の変化によってしばしば改訂されるか，あるいは設定した標準を変更せず長期間そのまま固定化するかによって，当座標準原価と基準標準原価に区分される。

　① 　当座標準原価：作業条件の変化や価格要素の変動を反映させて，必要に応じて毎期改訂される標準原価で，一般に原価管理だけでなく棚卸資産評価や売上原価算定のために適用される真実の原価を示す。

　② 　基準標準原価：期待される原価と実際の原価との比較尺度となりうるように設定された標準原価で，経営の基礎構造に変化のないかぎり価格標準が変化しても改訂されない。

(2) 標準の厳格度による分類

　標準原価は厳格度（タイトネス）を基準にして，理想標準原価，現実的標準原価，正常標準原価および予定原価に分類することができる。

　① 　理想標準原価：技術的に達成可能な最大操業度のもとにおいて最高の

能率を表す最も低い原価で，仕損，減損，遊休時間など余裕率をまった
く許容しない理想的な状態において達成される標準原価である。

② 現実的標準原価：良好な能率のもとでその達成が期待される標準原価
で，通常生ずると認められる程度の仕損，減損，遊休時間などの余裕率
を含んでいる。

③ 正常標準原価：経営における異常な状態を排除し，経営活動に関する
比較的長期にわたる過去の実際数値を統計的に平準化し，これに将来の
すう勢を加味して決定された標準原価である。

原価管理を行うためには，当座標準原価で現実的標準原価あるいは正常標
準原価を用いるとよい。

4 標準原価計算の手続

標準原価計算は，次のような手続によって実施される。

① 原価標準の設定：原価標準（単位当たりの標準製造原価）を科学的
に見積もる。

② 実績の標準原価の算定：原価標準に製品（および仕掛品）の実際生
産量を乗じて標準原価を算定する。

③ 実際原価の計算：実際に発生した原価を集計する。

④ 標準原価と実際原価との比較による原価差異の算定：標準原価と実
際原価を比較して原価差異を算定する。

⑤ 原価差異分析：原価差異の発生原因を分析する。

⑥ 経営管理者への原価報告：経営管理者に対して，製造原価および原
価差異についての報告をする。

⑦ 原価差異の処理：通常，原価差異は売上原価に賦課する。異常な原
価差異は，原因を究明して，次期の原価標準設定の資料とする。

⑧　対策措置：原価差異の原因別に是正措置を講ずる。

　標準原価計算では，標準原価と実際原価との差額（原価差異）を把握し分析することで原価管理を行うほか，標準原価によって製品原価を算定することで記帳を迅速・簡略に行い，さらに財務報告に役立てることができる。

5　原価標準の設定

　標準原価計算では，製品1単位当たりの標準原価を原価標準という。原価標準は通常，直接材料費，直接労務費および製造間接費の費目別に設定される。

(1) 標準直接材料費の設定

　標準直接材料費では，直接材料の種類ごとに製品単位当たりの標準消費量と標準価格の積として算出する。

標準直接材料費＝標準消費量×標準価格

　材料の標準消費量は，材料の種類ごとに類似製品に関する過去の経験の分析，試作品の製作およびIE（インダストリアル・エンジニアリング）などの方法によって，科学的かつ統計的に決定される。

　また標準価格は，標準原価設定期間中に予想される購入価格を基礎にして算定される。

(2) 標準直接労務費の設定

　標準直接労務費は，標準直接材料費と同様に，直接作業の区分ごとに製品単位当たりの標準直接作業時間と標準賃率の積として算出する。

標準直接労務費＝標準直接作業時間×標準賃率

　標準直接作業時間は，作業の種類ごとに時間動作研究などの科学的かつ統計的な調査によって確定する。さらに標準直接作業時間の設定においては，

余裕時間や習熟効果などを考慮する必要がある。

標準賃率は，職種別，作業区分別または部門別に予定平均賃率または正常賃率として設定される。

(3) 標準製造間接費の設定

標準製造間接費は直接費とは異なり，予算のかたちで部門別に設定される。これは直接費が変動費として設定できるのに対して，間接費は固定費要素を多く含んでいるからである。製造間接費予算は固定予算か，変動予算で設定するが，原価管理のためには変動予算が有効である。

標準製造間接費＝標準配賦率×許容標準直接作業時間

標準配賦率は，製造間接費予算額を基準操業度で割ることによって求められる。

標準配賦率＝製造間接費予算額÷基準操業度

(4) 原価標準

以上のように費目ごとに設定された標準原価はまとめられて，次のような原価標準，つまり製品1単位当たりの標準原価が作成される。

図表4-1　標準製品原価表

標準製品原価表			
	標準数量	標準価格	金　　額
直接材料費	1.05個	@500円	525円
直接労務費	1.05時間	@400円	420円
製造間接費	1.05時間	@400円	420円
製造原価合計			1,365円

6 原価差異の分析

　以上のように標準原価を設定して，その標準原価を達成することを目指して，生産・販売が行われる。そして，実際に発生した原価とその生産・販売数量を達成するために発生すべき標準原価を比べて，差異を求め，原因分析を行っていく。

(1) 直接材料費の差異分析

　直接材料費差異は，標準直接材料費とその実際発生額との差額であり，価格差異と数量差異に分解できる。価格差異は，材料の標準消費価格と実際消費価格との違いから生ずる原価差異である。これに対して数量差異は，材料の標準消費数量と実際消費数量との違いから生ずる原価差異である。それぞれの算出方法は，以下のとおりである。

　　価格差異＝（標準消費価格－実際消費価格）×実際消費数量

　　数量差異＝（標準消費数量－実際消費数量）×標準消費価格

　これらの算式のように標準消費価格（または数量）から実際消費数量（または数量）を差し引くかたちで計算すると，差異がプラスであれば有利差異（または貸方差異），マイナスであれば不利差異（または借方差異）を表す。この分析をするにあたっては，**図表4-2**のように図解すると理解しやすい。

図表4-2　直接材料費差異の分析

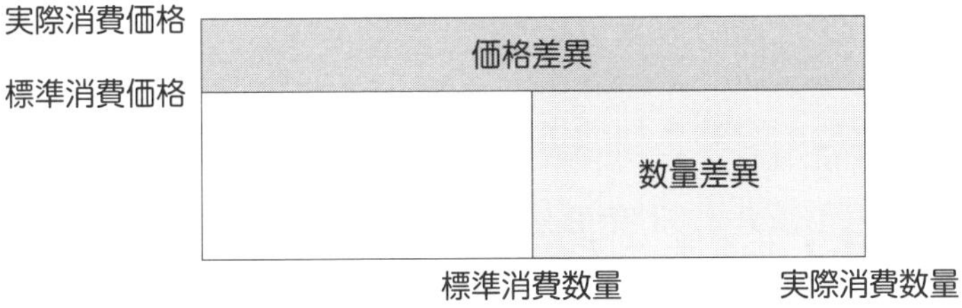

価格差異は購買部門の責任となり，数量差異は現場作業部門の責任となる。価格差異は，①価格標準の設定の誤り，②市価の変動，③購入量・購入方法・購入先の誤りなどから生じ，③の原因が原価管理の問題となる。数量差異は原価管理の中心となる原因で，①数量標準設定の誤り，②原材料・工程・製造方法・製品の設計・機械器具の変更，③仕損・減損や無駄，能率低下などから生ずる。

【設例4-1】

製品Xの直接材料費の原価標準は，**図表4-1**に示すとおりである。実際生産数量は1,000台で，実際直接材料費は539,000円（@490円×1,100個）とするとき，製品Xの直接材料費についての差異総額を計算し，さらに価格差異と数量差異に分析しなさい。

| 解　答 |

標準消費数量	@1.05個×1,000台＝1,050個	
標準直接材料費	@500円×1,050個 ＝	525,000円
実際直接材料費	@490円×1,100個 ＝	539,000円
差異総額		−14,000円（不利差異）
価格差異	（@500円−@490円）×1,100個 ＝	11,000円（有利差異）
数量差異	（1,050個−1,100個）×@500円 ＝	−25,000円（不利差異）
差異総額		−14,000円（不利差異）

(2) 直接労務費の差異分析

直接労務費差異は，標準直接労務費とその実際発生額との差額であり，賃率差異と作業時間差異に分解できる。賃率差異は，標準賃率と実際賃率との差から生ずる差異で，作業時間差異は標準直接作業時間と実際直接作業時間の違いから生ずる差異で作業能率の良し悪しを表す。

　賃　率　差　異＝(標準賃率－実際賃率)×実際直接作業時間

　作業時間差異＝(標準直接作業時間－実際直接作業時間)×標準賃率

　賃率差異は，①賃率標準の誤り，②賃率の変動，③工具の構成の変化などによって生ずるが，これらの原因は製造現場にとって管理できない場合が多い。これに対して，作業時間差異は，①作業時間標準の誤り，②機械・器具・製造方法の変更，製品設計の変更および③作業能率の低下などから生ずる。このうちとくに③の原因は原価管理の中心であり，詳細な分析を行い，是正措置を講じなければならい。

図表4-3　直接労務費差異の分析

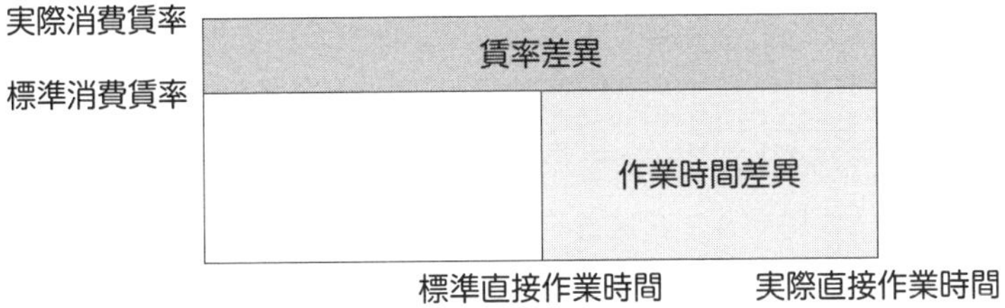

【設例4-2】

　製品Xの直接労務費の原価標準は，**図表4-1**に示すとおりである。実際生産数量は1,000台で，実際直接労務費は495,000円（@450円×1,100時間）とするとき，製品Xの直接労務費についての差異総額を計算し，さらに賃率差異と作業時間差異に分析しなさい。

解　答

標準作業時間	@1.05時間×1,000台＝1,050時間	
標準直接労務費	@400円×1,050時間　＝	420,000円
実際直接労務費	@450円×1,100時間　＝	495,000円
差異総額		－75,000円（不利差異）

賃率差異	（@400円 − @450円）× 1,100時間	＝ − 55,000円（不利差異）
作業時間差異	（1,050時間 − 1,100時間）× @400円 ＝	− 20,000円（不利差異）
差異総額		− 75,000円（不利差異）

(3) 製造間接費の差異分析

製造間接費差異は，製造間接費標準配賦額と実際発生額の差額として算定されるが，その分析には①2分法（操業度差異，管理可能差異），②3分法（操業度差異，能率差異，予算差異），③4分法（操業度差異，固定能率差異，変動能率差異，予算差異）といった方法がある。また固定予算を用いている場合と変動予算の場合では分析方法が少し異なる。ここでは固定予算と変動予算の場合の3分法を中心に説明する。

① 固定予算の差異分析

予 算 差 異＝製造間接費予算額−製造間接費実際発生額

能 率 差 異＝（標準配賦率×許容標準作業時間）−（標準配賦率×実際作業時間）

＝標準配賦率×（許容標準作業時間−実際作業時間）

図表4-4　固定予算による差異分析

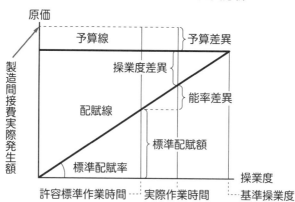

操業度差異＝(標準配賦率×実際作業時間)－製造間接費予算額

　　　　　＝標準配賦率×(実際作業時間－基準操業度)

② 変動予算の差異分析
《第1法》 実際作業時間を基準にする方法

予 算 差 異＝{(変動費率×実際作業時間)＋固定費}－製造間接費実際発生額

能 率 差 異＝標準配賦率×(許容標準作業時間－実際作業時間)

操業度差異＝(標準配賦率×実際作業時間)

　　　　　－{(変動費率×実際作業時間)＋固定費}

　　　　　＝固定費率×(実際作業時間－基準操業度)

図表4-5　変動予算による差異分析

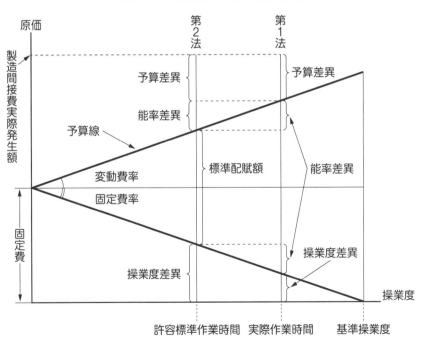

《第2法》　許容標準作業時間を基準にする方法

　　予　算　差　異＝{(変動費率×実際作業時間)＋固定費}－製造間接費実際発生額

　　能　率　差　異＝変動費率×(許容標準作業時間－実際作業時間)

　　操業度差異＝(標準配賦率×許容標準作業時間)

　　　　　　　　　　　－{(変動費率×許容標準作業時間)＋固定費}

　　　　　　　　＝固定費率×(許容標準作業時間－基準操業度)

【設例4-3】

　製品Xの製造間接費の原価標準は，**図表4-1**に示すとおりである。実際
生産数量は1,000台で，製造間接費実際発生額は429,000円とするとき，①固
定予算の場合，②変動予算の場合の製品Xの製造間接費についての差異総額
を計算し，さらに3分法によって分析しなさい。ただし，基準操業度は
1,000時間（1,000台）で，そのときの予算額は400,000円（内，固定費200,000
円）であった。

| 解　答 |

　①　固定予算の場合

　　　製造間接費標準配賦率　　　　400,000円÷1,000時間＝　@400円

　　　標準作業時間　　　　　　　　@1.05時間×1,000個＝　1,050時間

　　　製造間接費標準配賦額　　　　@400円×1,050時間＝　420,000円

　　　製造間接費実際発生額　　　　　　　　　　　　　　　429,000円

　　　　差異総額　　　　　　　　　　　　　　　　　　　－9,000円　（不利差異）

　　　予算差異　　　　　　400,000円－429,000円＝　　　－29,000円　（不利差異）

　　　能率差異　　　　（1,050時間－1,100時間）×@400円＝　－20,000円　（不利差異）

　　　操業度差異　　　（1,100時間－1,000時間）×@400円＝　40,000円　（有利差異）

　　　　差異総額　　　　　　　　　　　　　　　　　　　－9,000円　（不利差異）

② 変動予算の場合

製造間接費標準配賦率	400,000円÷1,000時間 =	@400円
標準作業時間	@1.05時間×1,000個 =	1,050時間
製造間接費標準配賦額	@400円×1,050時間 =	420,000円
製造間接費実際発生額		429,000円
差異総額		−9,000円（不利差異）
変動費率	（400,000円−200,000円）÷1,000時間 =	@200円
固定費率	200,000円÷1,000時間＝@200円	

《第1法》　実際作業時間を基準にする方法

予算差異　　　{(@200円×1,100時間＋200,000円)

$\qquad$ −429,000円＝　　　　　　　−9,000円（不利差異）

能率差異　　　@400円×(1,050時間−1,100時間)＝−20,000円（不利差異）

操業度差異　　@200円×(1,100時間−1,000時間)＝　20,000円（有利差異）

$\qquad$ 差異総額　　　　　　　　　　　　　−9,000円（不利差異）

《第2法》　許容標準作業時間を基準にする方法

予算差異　　　{(@200円×1,100時間＋200,000円)

$\qquad$ −429,000円＝　　　　　　　−9,000円（不利差異）

能率差異　　　@200円×(1,050時間−1,100時間)＝−10,000円（不利差異）

操業度差異　　@200円×(1,050時間−1,000時間)＝　10,000円（有利差異）

$\qquad$ 差異総額　　　　　　　　　　　　　−9,000円（不利差異）

7 NONA社への適用

NONA社の製品Xの原価標準は，**図表4-1**のとおりである。だから製品Xは原価標準どおりに生産されれば，1台当たり1,365円で作れるはずである。

これに実際生産量1,000台を掛けると，標準原価は1,365,000円（＝＠1,365円×1,000台）と計算できる。

　そして，設例4-1から設例4-3で示したように3月の実際直接材料費が539,000円，実際直接労務費が495,000円，実際製造間接費が429,000円であったとすると，実際製造原価は1,463,000円で標準原価を上回っている。これを費目別にみると，直接材料費に14,000円，直接労務費に75,000円，製造間接費に9,000円の差異があることがわかる。

　もう少し詳しくみると，設例4-1から設例4-3で分析したように，直接材料費は価格差異11,000円（有利差異），数量差異25,000円（不利差異），直接労務費は賃率差異55,000円（不利差異），作業時間差異20,000円（不利差異），製造間接費は予算差異9,000円（不利差異），能率差異20,000円（不利差異），操業度差異20,000円（有利差異）である。全体として，98,000円の差異があったが，その原因はたとえば，材料の購入単価が標準より安くてよかったが，材料の消費数量が標準より多かったこと，熟練工を多用したため賃率が標準より高かったこと，直接作業時間が標準よりかかったことにより直接労務費と製造間接費が余計に発生したこと，予算以上に製造間接費が発生したことなどがあげられる。

　この分析結果から原価管理の焦点は，直接材料費に関して，材料の購入方法の検討，材料消費数量の削減に，直接労務費については，賃率の改善，直接作業時間の削減に，製造間接費については，製造間接費予算編成方法の検討，作業能率の改善などに向けられることになる。

　材料購入については，仕入先を検討したり，購入数量を増やして値引や割戻しを使って単価を下げたりすることが考えられるので，購買担当の責任である。賃率については，賃率の高い熟練工と賃率の低い未熟練工をうまく組み合わせることによって平均賃率を改善することが考えられるので，人事担当の責任となるであろう。材料消費数量と直接作業時間については，作業員の熟練度を上げたり，作業方法を工夫したりして仕損を減らす工夫をすることが考えられるので，製造現場の責任として管理を行わなければならない。

　製造間接費については，予算編成にあたって，予算額や基準操業度が適当であるか検討されなければならないし，直接作業時間を短縮するために能率管理をすることになるであろう。

　このように，基準となる原価あるいは目標となる原価である標準原価を設定することによって，原価の比較が可能となり，生産能率が測定できる。また，費目ごとにその原因を詳しく分析することによって，何が原因であるかがわかり，是正措置を講ずることができる。

　標準原価計算はこのような仕組みを使って，財務諸表作成のための製造原価を計算し，原価管理のために差異分析を行うものである。

練習問題

　問1　標準原価計算の機能について，説明しなさい。
　問2　次の資料から，原価差異を分析しなさい。

〈資料〉

1．標準製品原価表

	標準数量	標準価格	金　額
直接材料費	2個	@300円	600円
直接労務費	3時間	@100円	300円
製造間接費	3時間	@200円	600円
製造原価合計			1,500円

　※　製造間接費は基準操業度10,000時間，予算額2,000,000円で，公式法変動予算によって設定されており，そのときの固定費予算額は1,200,000円である。

2．生産データ

　　期首仕掛品数量　　500個（加工進捗度60％）
　　完成品数量　　　　3,000個
　　期末仕掛品数量　　600個（加工進捗度50％）

3．原価データ

    実際直接材料費　　1,827,000円（6,300個×@290円）

    実際直接労務費　　1,104,000円（9,200時間×@120円）

    実際製造間接費　　1,862,000円

〈参考文献〉

大蔵省企業会計審議会（1962）「原価計算基準」。

通商産業省産業構造審議会（1966）「コスト・マネジメント」。

ベリングポイント編（2008）『「原価計算」見直しの実務―現状を打破し，足元を固め
　　る―』中央経済社。

原価管理には実際原価計算？

　標準原価計算の第1の目的は，標準原価を基準にして原価差異を分析す
ることによってロスを明確にし，原価引き下げを行うことであるが，問題
点も指摘されている（ベリングポイント，2008，p.74）。それは，

　　売価が大幅に低下しているときに標準原価の達成に満足して計画は達
　成したが赤字になるという問題点や，標準原価の設定に恣意性が介入し
　安易な標準を設定してしまうといった問題点である。

　　そのために実際原価を目標値にして，前月の実際原価と比較，あるい
　は前年同月の実際原価と比較によって，原価低減目標額を設定するとい
　う方法を提案している。内部統制が有効に機能していれば，実際原価へ
　の恣意性の介入の余地は少なくなり，別途標準原価を設定する必要がな
　いので，効率化が図れる。

という主張ですが，あなたはどう考えますか？

第 5 章

CVP分析と直接原価計算
― 利益計画を設定するために ―

本章のポイント

- 利益計画設定のための方法を考える
- 直接原価計算の意義を理解する
- ＣＶＰ分析によって利益計画を立てる
- 固定費と変動費の分解方法を理解する

IME社の来年度の利益計画をどのように立てるか？

　IME社は，来年度の利益計画設定のための会議を開いた。社長から来年度の利益目標について，今年度の営業利益の20%増が提案された。販売部長，製造部長らはその案を受け入れ，実施計画案を策定することになった。

●販売部長

　「最近は景気も良くなく，顧客の購買意欲は減退気味なので，販売数量を増加することは難しい。販売価格を引き下げることも考えられるが，大きな販売数量の増加にはつながらないだろう。広告宣伝費を増やして，商品の認知度を上げていきたい。販売部門としては，販売数量の増加を目標として収益の増加を図りたい。製造部門では増産と製造原価の引き下げを目指してほしい。」

●製造部長

　「このところ材料の購入価格が高騰して困っている。生産ラインも新しく作り直したばかりで，慣れていないせいか作業能率がなかなか上がらない。製造原価を引き下げて，利益の増大を図りたいがそれはかなり難しい。また，われわれが努力して増産しても売れ残って在庫が増えると，次の製造計画に支障が出るし，在庫費用が増えてしまうのではないか。販売数量を増やすことができるのか。」

　販売部長，製造部長はそれぞれの立場から，自分たちの考えを述べた。両者の主張を聞いていた経理部長は，会計の立場から次のようにまとめた。

●経理部長

　「利益は収益から費用を差し引いて求める。従来から我が社は全部原価計算によって製造原価を計算しているが，この方法では製造数量によって単位当たり製造原価が変化する。そのため販売計画と製造計画の両方から利益計画を立てなければならず，簡単にはいかない。直接原価計算を使うと，比較的

容易に利益計画を設定することができるらしい。次年度の利益計画は，直接原価計算によって設定したいと考えているので，協力してほしい。」

　経理部長の提案で，直接原価計算によって利益計画を設定することになった。直接原価計算はどのような方法で，全部原価計算とはどのような違いがあるのだろうか。どのように活用すればよいのだろうか。

1 全部原価計算による利益計画策定の困難性

　利益計画は，目標とする利益を実現するために売上高や売上原価，製造原価，販売費および一般管理費の目標を設定する経営計画で，単年度を対象に策定する短期利益計画と3～5年間を対象に策定する中期利益計画がある。

　利益計画は通常，経営戦略に基づいて中期利益計画を策定し，その中期利益計画を実現するために短期利益計画を策定する。短期利益計画の策定は，中期利益計画のそれぞれの年度の計画として策定する方法と，中期利益計画の初年度の計画として策定し，中期利益計画を毎年度策定し直す方法がある。

　本章では短期利益計画策定に焦点を当てて，目標利益を実現するための利益計画策定のための計算ツールを考察していく。

　現行の会計制度のもとで行われている伝統的な原価計算を，全部原価計算という。全部原価計算は，製品の生産に要した原価すべてを製造原価として把握する方法である。

　全部原価計算によれば，営業量と利益の関係を単純に表すことができない。そのため利益計画策定のためには不向きであるといわれる。この点について，設例によって考察したい。

【設例5-1】

以下の資料により，全部原価計算によって各期の損益計算書を作成しなさい。

〈資料〉

1. 生産・販売データ

	第1期	第2期	第3期	第4期
販売数量	1,000個	1,000個	1,000個	1,000個
生産数量	1,000個	1,200個	1,000個	800個

2. 販売価格・原価データ

販売価格	1,000円／個
直接材料費	260円／個
直接労務費	220円／個
変動製造間接費	100円／個
固定製造間接費	150,000円／期
変動営業費	20円／個
固定営業費	80,000円／期

ただし，原価の発生は毎期同じで，固定製造間接費は生産数量を基準に配賦し，原価差異は発生しないものとする。また，期首と期末には仕掛品はなく，期末製品の評価は先入先出法を用いる。

解 答

全部原価計算による損益計算書（単位：円）

	第1期	第2期	第3期	第4期
売上高	1,000,000	1,000,000	1,000,000	1,000,000
売上原価				
期首製品棚卸高	0	0	141,000	146,000
当期製品製造原価	730,000	846,000	730,000	614,000
計	730,000	846,000	871,000	760,000

期末製品棚卸高	0	141,000	146,000	0
差引：売上原価	730,000	705,000	725,000	760,000
売上総利益	270,000	295,000	275,000	240,000
営業費	100,000	100,000	100,000	100,000
営業利益	170,000	195,000	175,000	140,000

[解　説]

全部原価計算による損益計算書の作成

第1期当期製品製造原価：（@260円＋@220円＋@100円）×1,000個＋150,000円
$$=730,000円$$

第2期当期製品製造原価：（@260円＋@220円＋@100円）×1,200個＋150,000円
$$=846,000円$$

期末製品棚卸高：　846,000円÷1,200個×200個＝141,000円

第3期当期製品製造原価：（@260円＋@220円＋@100円）×1,000個＋150,000円
$$=730,000円$$

期末製品棚卸高：　730,000円÷1,000個×200個＝146,000円

第4期当期製品製造原価：（@260円＋@220円＋@100円）×800個＋150,000円
$$=614,000円$$

各期の営業費：　　　　@20円×1,000個＋80,000円＝100,000円

　この設例からわかるように全部原価計算では，固定製造原価を製品原価に含めるために，固定製造原価は棚卸資産（製品・半製品・仕掛品）として，前期から繰り越されたり，次期に繰り越したりする。また，固定費を含めると生産数量によって単位当たり製品原価が変化するので，同じ販売数量でも営業利益が変化することになる。この設例では，販売数量は1,000個で同じなのに営業利益は異なっている。さらに，第1期と第3期は販売数量も生産数量も同じなのに，営業利益が異なっている。これは製品原価として繰り越

される固定製造原価のためである。

　以上のことから，全部原価計算で利益計画を設定する場合，いくつかの条件を考慮して，複雑な計算をしなければならないことがわかる。現代の製造業においては，生産設備に係る製造原価は膨大な金額となり，回避できないものである。その多くは固定費である。これをどのように処理して，利益計画を設定するかが大きなテーマである。これを解決するために考えられたのが，直接原価計算である。

2 直接原価計算による利益計画策定

　直接原価計算は，原価を直接原価（主として変動費）と期間原価（主として固定費）に区分し，売上高から直接原価を差し引いて限界利益を計算し，限界利益から期間原価を差し引いて営業利益を算定する原価計算方法である。直接原価計算の損益計算書は**図表5-1**のとおりである。

　限界利益は売上高から直接原価（変動費）を差し引いて計算される利益で，

図表5-1　直接原価計算の損益計算書

損益計算書（2区分）		損益計算書（3区分）	
売上高	××	売上高	××
直接原価	−）××	変動売上原価	−）××
限界利益	××	変動製造マージン	××
期間原価	−）××	変動販売費	−）××
営業利益	××	限界利益	××
		期間原価	−）××
		営業利益	××

売上が1単位増えれば増える利益をいう。限界利益は固定費と営業利益の合計でもあり，固定費を回収してどれだけの営業利益を上げるのに役立つかという観点から，貢献利益と呼ぶこともある。また，売上高から変動売上原価を差し引いて計算される利益のことを変動製造マージンという。

　直接原価計算によれば，売上高，直接原価（変動費）および限界利益は操業度と比例関係にあるために，損益分岐点図表によって示されるCVP（cost-volume-profit）関係を会計システムのなかで分析することができる。

　直接原価計算の特徴を示すと，以下のようになる。

①　製造原価と販売費および一般管理費を変動費と固定費に区分する。

②　変動費と固定費の区分が勘定組織に組み込まれ，財務会計と結合している。

③　変動製造原価だけを棚卸資産原価とし，固定製造原価は販売費および一般管理費とともに期間原価とされる。

④　直接原価計算では，その結果を損益計算書の形で表示する。

　直接原価計算の場合の営業量と利益の関係は，設例5-2と設例5-3によって明らかにすることができる。

【設例5-2】

　設例5-1の資料により，直接原価計算によって各期の損益計算書を作成しなさい。

解　答

直接原価計算による損益計算書（単位：円）

	第1期	第2期	第3期	第4期
売上高	1,000,000	1,000,000	1,000,000	1,000,000
変動売上原価	580,000	580,000	580,000	580,000
変動製造マージン	420,000	420,000	420,000	420,000

変動営業費	20,000	20,000	20,000	20,000
限界利益	400,000	400,000	400,000	400,000
固定費				
固定製造間接費	150,000	150,000	150,000	150,000
固定営業費	80,000	80,000	80,000	80,000
営業利益	170,000	170,000	170,000	170,000

[解　説]

直接原価計算による損益計算書の作成

変動売上原価：（@260円＋@220円＋@100円）×1,000個＝580,000円

変 動 営 業 費：@20円×1,000個＝20,000円

【設例5-3】

　以下の資料により，直接原価計算によって各期の①限界利益と②営業利益を計算しなさい。

〈資料〉

　1．販売データ

	第1期	第2期	第3期	第4期
販売数量	800個	400個	1,200個	1,600個

　2．販売価格・原価データ

販売価格	1,000円／個
変動費	600円／個
固定費	200,000円／期

[解　答]

　①　各期の限界利益

　第1期　　（@1,000円－@600円）×　800個＝320,000円

第2期　　（@1,000円 − @600円）×　400個 = 160,000円

第3期　　（@1,000円 − @600円）×1,200個 = 480,000円

第4期　　（@1,000円 − @600円）×1,600個 = 640,000円

② 各期の営業利益

第1期　　320,000円 − 200,000円 ＝ 120,000円

第2期　　160,000円 − 200,000円 ＝ △40,000円

第3期　　480,000円 − 200,000円 ＝ 280,000円

第4期　　640,000円 − 200,000円 ＝ 440,000円

解説

　限界利益を比較してみると，第2期の400個を基準にすれば，販売数量が2倍の第1期は限界利益も2倍，販売数量が3倍の第3期，4倍の第4期は限界利益も3倍，4倍となっている。ところが営業利益についてはそのような比例関係はない。

　直接原価計算によれば，売上高，変動売上原価，変動販売費，変動製造マージンおよび限界利益は操業度（本設例では販売数量）に比例しているので，販売数量が等しいならば，限界利益は等しくなる。また固定費は期間原価として毎期一定額発生するので，営業利益も等しくなる。この関係を利用すれば，利益計画の設定が容易になる。操業度と営業利益の関係は線型関数として表すことができるので，その関数を求めることができれば，目標とする営業利益を達成するための操業度を求めることができる。

3 CVP分析

　上記の直接原価計算の考え方で売上高と原価の関係を図示すると，**図表5-2**のようになる。横軸に操業度として売上高，縦軸に売上高と原価をとってグラフを描くと，売上高は傾き45°の右上がりの売上高線として表すことがで

きる。原価は固定費額を縦軸との切片として，単位当たり変動費を傾きとした総原価線として表すことができる。両直線はグラフの中で交わるが，この交わった点が損益分岐点（損益がトントンの点，break-even-point：BEP）であり，このときの売上高が損益分岐点売上高，このときの販売量が損益分岐点販売量となる。この損益分岐点の分析が損益分岐点分析である。ＣＶＰ分析はそれに加え，営業量（操業度，volume：Ｖ）の変化によって原価（cost：Ｃ）と利益（profit：Ｐ）がどのよう変化するかを分析するものである。両者は同一の概念を基礎としている。

　このＣＶＰ関係から損益分岐点などを求めるためには，損益分岐点図表を描いて解く方法と，公式によって解く方法がある。

　損益分岐点図表には**図表５-２**のように２通りの描き方がある。その１は通常の描き方で，横軸に操業度（営業量）として売上高をとり，縦軸に売上高・原価をとる。売上高線は45°の右上がりの直線で描け，総原価線は固定費に変動費を積み上げた直線で描ける。売上高線と総原価線が交わったところが損益分岐点となり，この点より右の操業度（操業度が大きい）では利益，左の操業度（操業度が小さい）では損失が出る。その２は変動費に固定費を積み

図表５-２　損益分岐点図表

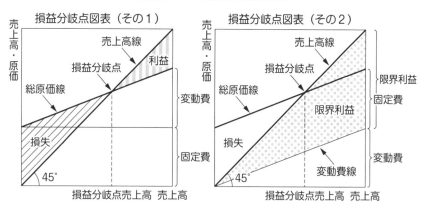

上げて総原価線を描いたもので，変動費線をこれと平行に描く。そうすることによって，売上高線と変動費線に挟まれた部分が限界利益として表させる。

　次に公式で求めるために，損益分岐点売上高，損益分岐点販売数量，一定の目標営業利益額を得るために必要な売上高と販売数量，一定の目標売上高営業利益率を得るために必要な売上高，安全余裕率および損益分岐点比率を求めるための公式を示しておく。安全余裕率は，企業がまだどれくらい売上を減らしても大丈夫かという余裕を示す比率，つまり安全性を示す比率であり，Ｍ／Ｓ比率あるいは安全性マージンとも呼ばれる。損益分岐点比率は損益分岐点の位置を示す比率で，安全余裕率と足すと100％になる。

《ＣＶＰ分析のための公式》

$$損益分岐点売上高 = \frac{固定費}{1 - \dfrac{変動費}{売上高}} = \frac{固定費}{1 - 変動費率} = \frac{固定費}{限界利益率}$$

$$損益分岐点販売数量 = \frac{固定費}{販売単価 - 単位当たり変動費} = \frac{固定費}{単位当たり限界利益}$$

$$目標利益額を得るための売上高 = \frac{固定費 + 目標利益額}{1 - \dfrac{変動費}{売上高}}$$

$$目標利益額を得るための販売数量 = \frac{固定費 + 目標利益額}{販売単価 - 単位当たり変動費}$$

$$目標利益率(\%)を得るための売上高 = \frac{固定費}{1 - \left(\dfrac{変動費}{売上高} + \dfrac{目標利益率}{100}\right)}$$

$$安全余裕率 = \frac{売上高 - 損益分岐点売上高}{売上高} \times 100$$

$$損益分岐点比率 = \frac{損益分岐点売上高}{売上高} \times 100$$

【設例5-4】

設例5-1の資料および設例5-2の解答の損益計算書により，次の問いに答えなさい。

問1 第4期の損益分岐点売上高，損益分岐点販売数量および安全余裕率を求めなさい。

問2 第5期に300,000円の目標利益額を得たいとすると，売上高はいくらでなければならないか。またそのときの販売数量は何個か。ただし，計算の条件は第4期と同じであるとする。

問3 第5期に売上高の20%の目標利益を得たいとすると，売上高はいくらでなければならないか。またそのときの販売数量は何個か。ただし，計算の条件は第4期と同じであるとする。

問4 第5期の市場予測をすると，販売価格は1,200円/個に上昇し，直接材料費は310円/個，直接労務費は270円/個に上昇すると見込まれる。さらに固定製造間接費が220,000円/期になるとするならば，第5期の損益分岐点売上高はいくらになるか。また損益分岐点販売数量は何個か。

問5 問4の条件で，300,000円の目標利益額を得たいとすると，売上高はいくらでなければならないか。またそのときの販売数量は何個か。

問6 問4の条件で，売上高の20%の目標利益を得たいとすると，売上高はいくらでなければならないか。またそのときの販売数量は何個か。

| 解　答 |

問1	損益分岐点売上高	575,000円
	損益分岐点販売数量	575個
	安全余裕率	42.5%
問2	300,000円の利益を得るための売上高	1,325,000円
	300,000円の利益を得るための販売数量	1,325個

問3　20%の利益率を得るための売上高　　　　　　　　　　　　1,150,000円

　　　20%の利益を得るための販売数量　　　　　　　　　　　　1,150個

問4　損益分岐点売上高　　　　　　　　　　　　　　　　　　　720,000円

　　　損益分岐点販売数量　　　　　　　　　　　　　　　　　　600個

問5　目標利益額を得るための売上高　　　　　　　　　　　　1,440,000円

　　　目標利益額を得るための販売数量　　　　　　　　　　　　1,200個

問6　目標利益率を得るための売上高　　　　　　　　　　　　1,384,800円

　　　目標利益率を得るための販売数量　　　　　　　　　　　　1,154個

[解　説]

問1

$$損益分岐点売上高 = \frac{150,000円 + 80,000円}{1 - \dfrac{580,000円 + 20,000円}{1,000,000円}} = 575,000円$$

$$損益分岐点販売数量 = \frac{150,000円 + 80,000円}{@1,000円 - (@260円 + @220円 + @100円 + @20円)} = 575個$$

$$安全余裕率 = \frac{1,000,000円 - 575,000円}{1,000,000円} \times 100 = 42.5\%$$

売上高および変動費は総額ではなく，単位当たりの数値を用いて計算してもよい。

（別解法）

損益分岐点販売数量は，販売数量を x として，次のような方程式を立てて計算することもできる。

$$1,000\,x - (260 + 220 + 100 + 20)\ x - (150,000 + 80,000) = 0$$

　　∴　x = 575（個）

方程式を使って，損益分岐点売上高を求める場合はこの損益分岐点販売数量に販売価格を乗じて計算する。

問2

$$目標利益額を得るための売上高 = \frac{150{,}000円 + 80{,}000円 + 300{,}000円}{1 - \dfrac{580{,}000円 + 20{,}000円}{1{,}000{,}000円}} = 1{,}325{,}000円$$

$$\begin{array}{l}目標利益額を\\得るための\\販売数量\end{array} = \frac{150{,}000円 + 80{,}000円 + 300{,}000円}{@1{,}000円 - (@260円 + @220円 + @100円 + @20円)} = 1{,}325個$$

（別解法）

この販売数量も，販売数量を x として，次のような方程式を立てて計算すること
もできる。

$$1{,}000\,x - (260 + 220 + 100 + 20)\,x - (150{,}000 + 80{,}000) = 300{,}000$$

∴ $x = 1{,}325$（個）

問3

$$目標利益額を得るための売上高 = \frac{150{,}000円 + 80{,}000円}{1 - \left(\dfrac{580{,}000円 + 20{,}000円}{1{,}000{,}000円} + \dfrac{20}{100}\right)} = 1{,}150{,}000円$$

$$目標利益率を得るための販売数量 = 1{,}150{,}000円 \div @1{,}000円 = 1{,}150個$$

（別解法）

この販売数量も，販売数量を x として，次のような方程式を立てて計算すること
もできる。

$$1{,}000\,x - (260 + 220 + 100 + 20)\,x - (150{,}000 + 80{,}000) = 1{,}000\,x \times 0.2$$

∴ $x = 1{,}150$（個）

問4　単位当たりの販売価格および変動費が変化したので，売上高および変動費の
　　　数値は総額ではなく，単位当たりの数値を用いて計算する。

$$損益分岐点売上高 = \cfrac{220{,}000円 + 80{,}000円}{1 - \cfrac{@310円 + @270円 + @100円 + @20円}{@1{,}200円}} = 720{,}000円$$

$$損益分岐点 \atop 販売数量 = \frac{220{,}000円 + 80{,}000円}{@1{,}200円 - (@310円 + @270円 + @100円 + @20円)} = 600個$$

問5

$$300{,}000円の利益を \atop 得るための売上高 = \cfrac{220{,}000円 + 80{,}000円 + 300{,}000円}{1 - \cfrac{@310円 + @270円 + @100円 + @20円}{@1{,}200円}} = 1{,}440{,}000円$$

$$\begin{matrix}300{,}000円の \\ 利益を得るための \\ 販売数量\end{matrix} = \frac{220{,}000円 + 80{,}000円 + 300{,}000円}{@1{,}200円 - (@310円 + @270円 + @100円 + @20円)} = 1{,}200個$$

問6

$$\begin{matrix}20\%の利益率を \\ 得るための \\ 売上高\end{matrix} = \cfrac{220{,}000円 + 80{,}000円}{1 - \left(\cfrac{@310円 + @270円 + @100円 + @20円}{@1{,}200円} + \cfrac{20}{100} \right)} \fallingdotseq 1{,}384{,}615円$$

20%の利益率を得るための販売数量 = 1,384,615円 ÷ @1,200円 ≒ 1,153.8個

　販売数量が小数になることはないので，切り上げて1,154個が求める販売数量となり，販売価格は@1,200円なので，1,384,800円が求める売上高となる。切り下げると目標を達成しなくなるので，注意すること。

　以上のように直接原価計算では，ＣＶＰ関係を線型関数で表すことができるために，損益分岐点を求めることや目標利益額（率）を得るための売上高などを容易に求めることができる。また，問4のように販売価格，変動費，固定費および営業量が変化したときの利益も容易に求めることができる。このように販売価格，変動費などの変化が利益にどのような影響を与えるかの分析を，感度分析（sensitivity analysis）という。

4 固定費と変動費の分解

　ところで，このようなCVP分析を行うためには原価を固定費と変動費に分解する必要がある。経営学や会計学では，原価態様を線型関数として把握する。すなわち，総原価をy，単位当たり変動費をv，固定費額をF，操業度（営業量）をxとすると，

　　y＝vx＋F

という線型関数で表すことができる。これは**図表5-2**の総原価線を示す。

　変動費は操業度の変化に応じて総額で比例的に変化する原価で，固定費は操業度の変化にかかわらず総額で一定で変化しない原価である。注意しなければならないのは，変動費は総額では変化するが，単位当たりでは一定である。これに対して固定費は総額では一定であるが，単位当たりでは変化する。直接材料費や外注加工費は変動費と考えるが，減価償却費や固定資産税などは固定費と考える。

　原価を固定費と変動費に分解の方法には①会計的方法，②統計的方法および③工学的方法がある。

① 会計的方法
勘定科目法＝勘定科目を精査し，各勘定ごとに原価類型を分解する

② 統計的方法
高　低　点　法＝数学的分解法ともいわれ，最高点と最低点の2つの点の操業度と原価からその原価態様を推定する方法

散布図表法＝スキャッター・チャート法ともいわれ，グラフにデータを記入し，分布する各点の中央に目分量で直線を引き，これから変動費率と固定費額を推定する方法

最小二乗法＝残差の二乗和を最小にする近似線を求める方法
重回帰分析＝多変量解析の方法のひとつで，複数の独立変数によって相関
　　　　　　関係を求める方法

③　工学的方法

IE法＝工学的研究を基礎にした科学的分析の結果から分析する方法
以上のような方法があるが，高低点法について練習してみたい。

【設例5-5】

　本年の1月から6月までの作業時間と製造原価のデータは以下のとおりである。このデータをもとにして製造原価の1ヵ月当たりの固定費額と1単位当たりの変動費を，高低点法によって計算しなさい。

月	1月	2月	3月	4月	5月	6月
作業時間（時間）	90	80	120	110	100	130
製造原価（円）	690,000	650,000	780,000	750,000	740,000	800,000

解　答

高低点法

　　　最高操業度の月　6月　130時間　　800,000円

　　　最低操業度の月　2月　　80時間　　650,000円

$$変動費率 = \frac{800,000円 - 650,000円}{130時間 - 80時間} = 3,000円／時間$$

　　　固定費額＝800,000円－3,000円／時間×130時間＝410,000円

進んだ学習

●最小二乗法

　最小二乗法では，作業時間を x，製造原価を y とし，それぞれの平均値を $\bar{x}$，$\bar{y}$ とすると，変動費率と固定費額は以下のように計算される。

$$変動費率 = \frac{n\Sigma xy - \Sigma x\Sigma y}{n\Sigma x^2 - (\Sigma x)^2} \quad または \quad \frac{\Sigma(x-\bar{x})(y-\bar{y})}{\Sigma(x-\bar{x})^2}$$

$$固定費額 = \frac{\Sigma y}{n} - 変動費率 \times \frac{\Sigma x}{n} \quad または \quad \bar{y} - 変動費率 \times \bar{x}$$

設例 5-5 の資料を，最小二乗法で原価分解すると次のようになる。

月	時間 (x)	原価 (y)	xの偏差 $(x-\bar{x})$	yの偏差 $(y-\bar{y})$	$(x-\bar{x})^2$	$(x-\bar{x})(y-\bar{y})$
1	90	690,000	− 15	− 45,000	225	675,000
2	80	650,000	− 25	− 85,000	625	2,125,000
3	120	780,000	15	45,000	225	675,000
4	110	750,000	5	15,000	25	75,000
5	100	740,000	− 5	5,000	25	− 25,000
6	130	800,000	25	65,000	625	1,625,000
合計	630	4,410,000	0	0	1,750	5,132,000

平均作業時間（$\bar{x}$）＝105時間

平均製造原価（$\bar{y}$）＝735,000円

$$変動費率 = \frac{5,132,000}{1,750} \fallingdotseq 2,933（円）$$

固定費額 ＝ 735,000 − 2,933 × 105 ＝ 427,035（円）

5 IME社はどのように利益計画を立てればよいか

　IME社では伝統的な原価計算である全部原価計算によって，製造原価を計算してきた。外部報告のための原価計算としては，直接原価計算は認められていないので，直接原価計算を利用する場合，内部的な利用に限定するか，外部報告のために修正計算をする必要がある。ただし，コンピュータを利用すれば，共通のデータベースを作成し，経営管理のためには直接原価計算，外部報告には全部原価計算に加工して利用することは可能である。

　IME社でこれを実施するためにはまず，会計データベースから原価データを取り出し，固定費と変動費に原価分解する必要がある。原価分解には企業の状況によって方法が選択される。分解された原価に次年度に予想される変動を盛り込み，今年度の利益の20％増の目標利益を達成するための売上高，販売数量を求める。

　この目標売上高，販売数量から，販売計画，製造計画，購買計画，在庫計画などが立てられることになる。これらの計画は，販売部，製造部，購買部，倉庫部などで設定されることになるが，それぞれの計画を合算したものが必ずしも全社的な計画になるわけではない。個々の部署は自らの最良の計画を設定するために，他の部署の利益を損なう可能性があるからである。

　これらの利害を調整して，会社全体で最良の計画を設定して，実施，統制するためには，次章で説明される予算制度を実施するとよい。

練習問題

　問1　直接原価計算の考え方が，全部原価計算よりも利益計画に役立つ理由を説明しなさい。

　問2　次の資料から，問いに答えなさい。

〈資料〉

1. 当期会計データ

売上高　　　　　1,000,000円 （@100円）

変動費　　　　　300,000円 （@ 30円）

固定費　　　　　420,000円

2. 次期の予測データ

販売価格は@120円に，変動費は@48円に，固定費は540,000円に上昇することが予測される。

① 当期の損益分岐点販売量を求めなさい。

② 次期の目標売上高利益率を20％としたときの販売量を求めなさい。

③ 次期の損益分岐点販売量を求めなさい。

④ 次期の原価予測で，固定費が予測より10％増えたとき，営業利益はどのように変化するか，求めなさい。

〈参考文献〉

岡本　清（2000）『原価計算　六訂版』国元書房。

櫻井通晴（2009）『管理会計　第四版』同文舘出版。

第 **6** 章

予算管理
― 利益管理のために ―

本章のポイント

● 予算の意義・種類・体系を考察する
● 予算編成の方法を理解する
● 予算統制のために予算実績差異分析をする
● 予算の調整機能を理解し，予算管理に生かす

ケース6 IME社の利益管理はどうすればよいのか？

IME社は，今年度の営業利益の20%増の目標利益を達成する来年度の利益計画を策定するために，CVP分析によって，目標売上高および目標販売量，さらには目標売上原価，目標販売費，目標一般管理費などを設定した。経理部長はこれらの数値を担当部署に伝達するとともに，各部署と相談した。

● 販売部長

「目標の売上高，販売量，販売費は了解しました。それを達成するための方策を検討します。しかしこれらの数値は，一定の条件のもとで設定されたものです。販売活動をするうえでは販売量を増加させるために，販売単価を引き下げたり，広告宣伝費を増額したりすることもあります。われわれはすべてをこのとおり実現しなければならないのですか。」

● 製造部長

「目標売上原価は，直接原価計算の考え方では在庫のことを考えなくてもいいですが，全部原価計算の考え方では製造量と在庫量の両方を考える必要があります。達成する営業利益は全部原価計算で計算したものなので，在庫のことを考えて，製造量を決める必要がありますね。」

● 経理部長

「これらの目標数値は直接原価計算によって求められたものですから，これから全社的な計画をするうえでの大まかな目標数値です。これらをもとにして，各部署で来年度の計画を設定してほしいのです。」

● 製造部長

「そうはいわれても，製造部だけで勝手に製造量を決めることはできませんよね。製造量が決まれば販売量との関係で在庫量も決まってくるので，倉庫部門の意見も聞かなければいけませんよね。」

●経理部長

「そうですね。どうすればいいのでしょうか。」

　各部署からはさらに意見が出され，会議は困窮してしまった。全社的な利益計画をそれぞれの部署での利益計画として設定し，会社の利益を最大化するためには，まだやらなければならないことがたくさんありそうである。IME社は全社的な利益計画と個々の部署での利益計画をどのように設定し，実施し，統制すればいいのだろうか。

1 企業予算とは

　利益計画を設定し，実行し，統制するためには，予算による管理が有効である。「原価計算基準」（一　(4)）によれば，予算とは，「予算期間における企業の各業務分野の具体的な計画を貨幣的に表示し，これを総合編成したものをいい，予算期間における企業の利益目標を指示し，各業務分野の諸活動を調整し，企業全般にわたる総合的管理の要具となるもの」であり，「業務執行に関する総合的な期間計画」である。簡単にいえば，企業予算とは経営計画を貨幣的に表示したものといえる。

　予算は企業だけでなく，国や地方自治体などでも利用される。企業予算の特徴は，利益計画と結び付いて実施されることである。損益予算を中心に編成，実行，統制される。企業では経営計画の遂行を，予算によって管理することがある。これが予算管理である。

2 企業予算の体系と機能

(1) 予算の種類

　予算は，いろいろな観点から分類することができる。そのいくつかを簡単に考察する。

① 長期予算と短期予算

　予算期間の長短による分類で，1年を超える予算期間の予算を長期予算，1年以内の予算を短期予算という。

　長期予算は長期計画と関連して設定され，長期資金予算，長期投資予算がその代表例である。

　短期予算は短期計画と関連して設定される。損益予算はその代表例であるが，短期予算は長期計画とも関連して設定されることが望ましい。

② 年次予算と月次予算，四半期予算

　予算期間を1年（会計期間）とする予算を年次予算，1ヵ月とする予算を月次予算，四半期（3ヵ月）とする予算を四半期予算という。

　月次予算と四半期予算は，年次予算を実施するための予算として設定されるのが望ましい。年次予算で設定された目標を実施し，統制するためには月次予算や四半期予算のように，期間を短くして予算と実績の比較をすることが望ましい。月次予算は単に年次予算の月割とするのではなく，実施状況を考慮して見直しながら実施する方法もある。

③ 費目別予算，部門別予算，総合予算

　費目別予算は費目別に設定された予算である。部門別予算は職能部門別に

設定された予算で，この部門別予算を総合して企業全体の予算にまとめたものが総合予算である。

　組織が大きくなり，販売，製造などの職能別組織がとられるようになると部門別予算を総合予算にまとめる調整作業が重要になってくる。

④　固定予算と変動予算

　固定予算は操業度にかかわらず予算額を固定的に設定する予算で，変動予算は操業度によって予算額が変動するように設定する予算である。固定予算と変動予算の差異分析については，第4章　標準原価計算（pp.78-79）で説明した。

⑤　割当予算と積上予算

　割当予算はトップダウン予算ともいわれ，予算を企業トップが設定し，各部署に言い渡される予算である。これに対して積上予算は，ボトムアップ予算，参加型予算ともいわれ，各部署が設定した予算を全体の予算にまとめ上げて設定する予算である。

　トップ・マネジメントがリーダーシップを発揮する企業では割当予算が採用される場合があるが，行動科学の観点からは積上予算の方が従業員の士気を上げ，効果的な予算管理ができるといわれている。

(2)　企業予算の体系

　企業予算は総合的利益管理のツールとして，職能部門の活動を調整し，利益目標を達成するように機能する必要がある。そのためには企業の組織形態に合わせさまざまな体系が考えられるが，本書では**図表6-1**のように考えたい。

　総合予算は，損益予算，資金予算，資本予算の3つに分ける。損益予算は目標利益を達成するために収益と費用の両面から設定される予算である。資

金予算は資金の調達・運用に関する予算で，資本予算は資本の調達・運用に関する予算である。

　本章では，短期利益計画を対象にしているので，損益計算を中心に考察する。

図表6-1　企業予算の体系

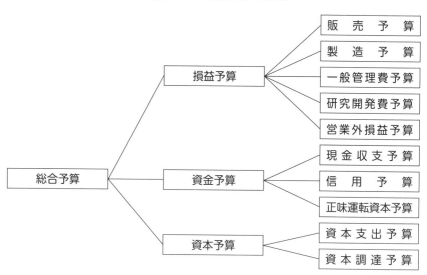

(3) 予算管理の機能

　経営管理といえば，計画機能と統制機能があげられるが，予算管理では計画機能と統制機能だけでなく，調整機能が重要な機能である。

① 計画機能

　予算管理の計画機能は予算編成によって果される。予算は利益計画を貨幣数値で表したものと考えることができるが，経営方針から経営計画と長期利益計画が策定され，長期利益計画は短期利益計画として策定し直され，これ

が貨幣数値で具体化される。

　割当予算ではトップ・マネジメントがこの機能を果たすことになるが，積上予算では現場の従業員やロワー・マネジメントがまずこの機能を果たし，上層に上げていくことになる。

② 統制機能

　総合予算は部署ごとに損益予算や資金予算として割り当てられる。各部署ではこれらの予算を達成するための活動がなされる。予算実績差異分析が行われ，予算と実績の相違の原因が明らかにされる。その原因に対して是正措置を講じることによって，差異をなくす努力がなされる。年次予算を月次予算に落としていれば，毎月予算実績差異分析し，是正措置を講じることによって，年次予算達成を可能にすることになる。予算によって，部門や事業部，部門長や事業部長の責任を明確にし，業績評価することが可能になる。

③ 調整機能

　管理というと計画機能と統制機能があげられるが，予算管理において調整機能は重要な機能である。予算管理の調整機能は部分目標を全体目標に合わせる機能である。予算編成の過程において，各部門や事業部では自らの利益を最大にするように予算編成を行う。しかしそれは必ずしも企業全体の利益を最大にするものにはならない。ある部門の予算が他の部門の予算と競合して，部門間の対立を生むことがある。また，同じ予算が別の部門で編成されていることもある。これらをなくし円滑な予算遂行を果たすためには，部門内や部門相互といった企業内でのコミュニケーションを図ることが重要である。これが調整機能である。

(4) 予算管理組織

　予算管理を円滑に遂行するためには，そのための組織を整えることが必要

である。予算管理組織は，予算委員会，予算担当役員，予算管理担当部門から構成員で構成される。

予算委員会は各部門の責任者および予算担当部門の責任者からなる常設委員会で，公式的には決定機関ではなく諮問機関である。その果たす役割は次のようなことである（小林（1996），pp.66-67）。

① 予算方針あるいは予算手続について勧告し，あるいはそれらの変更を勧告すること

② 予算規定についての勧告をすること

③ 各部門から予算原案を受け取り，この検討と必要な利益改善策の考慮と勧告をすること

④ 部門間に衝突がみられるときには，必要な部門間の調整のための決定を勧告すること

⑤ 最終予算案の承認または変更の勧告をすること

⑥ 予算と実績の比較を行う定期的な報告を受け取り，これを分析し検討して，必要な改善の勧告をすること

⑦ 予算のフォローアップ手続についての方針を考え，勧告すること

⑧ 必要あるときには，予算の修正について検討し，勧告すること

予算担当役員は，わが国では経理部長や管理部長が担当し，社長が委員長を担当することが多い。

予算管理担当部門は，わが国では経理部や管理部が担当する。予算管理担当部門は，予算を取りまとめて予算委員会に提出し，予算遂行を監督し，予算実績分析をし，意見をつけて予算委員会に提出する役割を果たす。

わが国では予算委員会を置かず，経理部や管理部などの部門にその役割をもたす場合が多いようである。

わが国の予算管理組織

　わが国における予算制度の実態調査によれば，予算委員会についてはいろいろな形態があり，独自の予算委員会を設置するのではなく，他の機関が担当することが多いようである。また多くの企業では，社長を予算委員会の委員長にすることが多いようである。（日本管理会計学会・予算管理専門委員会（2005），p.62）

図表6-2　予算委員会の有無

回答／調査年	設置	他の機関が担当	機関をもたない	合計
2002年調査	24.1%	65.8%	10.1%	100%
1992年調査	21.3%	70.7%	8.9%	100%

図表6-3　予算委員会の委員長

会長	社長	経理担当役員	経理担当執行役員	その他	合計
3.3%	59.8%	22.8%	3.3%	10.9%	100%

3 予算編成の手続

　予算編成は，割当予算か，積上予算かでその設定手続が違う。割当予算は，トップ・マネジメントが一方的に予算を編成し，これを提示するといった形で編成される。積上予算は，従業員やロアー・マネジメントが主体的に予算を編成し，これを統合して総合予算を編成する方法である。

　通常は予算編成の大枠として予算編成方針をトップ・マネジメントが策定し，これに基づいて各部門で予算が編成され，これをまとめ上げる形で編成

される。その手順をまとめると，次のとおりである。

① 期間利益目標の設定

② 大綱的利益計画の策定

③ 予算編成方針の作成と各部門への示達

④ 各部門予算案の作成

⑤ 各部門予算案の総合調整

⑥ 総合予算案の作成

⑦ 部門・総合予算案の検討・調整

⑧ 予算の決定

設定された利益目標は，経営計画から利益計画，そして利益計画から予算編成へと具体化されていく。その役割を果たすのが，大綱的利益計画である。経営計画は経営基本方針を遂行するための指針である。

大綱的利益計画が策定されたのち，予算編成方針が作成される。予算編成方針は各部門がどのように予算を編成するかを示した指針である。企業の中・長期経営計画を達成するための戦略，戦術，方針などを明文化したものである。この作成に当たっては上からの押しつけではなく，各部門の管理者も参画して，予算の調整機能を果たすようにすることが望ましい。

予算編成方針が作成され，提示されたのち各部門の予算案が編成される。これが部門予算で，たとえば販売部門では販売予算（売上高予算，販売費予算など），製造部門では製造予算（直接材料費予算，直接労務費予算，製造間接費予算，在庫予算など）が編成される。

各部門で編成された予算は，全社的に調整され，総合予算にまとめられる。総合予算は職能別（機能別）に編成された部門予算を，全社的観点から総合的に調整した予算である。部門予算は部門の業績評価に用いられるが，総合予算は全社的な経営成績や財政状態の評価に用いられる。総合予算は見積損益計算書，見積貸借対照表，見積資金繰り表として示される。ここでは各部門と全社的な利益目標との間および各部門間の利益目標に整合性をもたすた

めに，徹底的な調整過程を経なければならない。

　このようにして設定された予算は，周知され，実行へと移される。

 進んだ学習

●ゼロベース予算（zero-base budgeting：ZBB）

　ゼロベース予算はテキサス・インスツルメント社で実施された予算編成の方法である。予算編成は前年度実績を基準にして，それに加算する形で設定されることが多い。また前年度までの既得権が主張され，予算が硬直化して，新しいことが採用されにくくなる。そのため予算編成をまったくゼロの水準から行い，既得権を排除して，新規の計画を取り入れやすくした方法である。研究開発費の予算編成などに効果を発揮する。

4　予算統制の手続

　予算統制は，予算によって経営活動をコントロールする過程である。予算統制には，予算編成時における事前統制と経営活動実施後に行う事後統制がある。

　事前統制は，予算編成時のモチベーション・コントロールとして重要である。つまり，予算を達成するモチベーションを従業員にもたせ，意欲的に働かせることである。そのためには予算編成に参加型の予算を導入するのも1つの方法である。

　事後統制は，予算実績差異分析として行われる。すなわち，経営活動実施後（1月あるいは1年ごと）に，予算値と実績値を比較し，差異の原因分析を行い，是正措置を講じる。予算実績差異分析は，総合予算の分析と部門予

算の分析に分けて行われる。

　総合予算の差異分析では，損益計算書予算差異分析として売上高や売上原価などが，貸借対照表予算差異分析として資産や負債などが分析される。金額だけでなく，財務比率も比較，分析される。

　部門予算の差異分析では，売上高予算，売上原価予算，製造予算などが分析される。そのうちのいくつかの分析方法を示せば，次のとおりである。

① 売上高差異
　売上高差異は予算売上高と実際売上高との差額で，売上高は販売量と販売価格の積として計算されるので，差異は販売量差異と販売価格差異に分析される。
　　販 売 量 差 異＝(実際販売量－予算販売量)×予算販売価格
　　販売価格差異＝(実際販売価格－予算販売価格)×実際販売量

② 売上原価差異
　売上原価差異は予算売上原価と実際売上原価との差額で，販売量差異と単位売上原価差異に分析される。
　　販 売 量 差 異＝(予算販売量－実際販売量)×予算単位売上原価
　　単位売上原価差異＝(予算単位売上原価－実際単位売上原価)×実際販売量

③ 売上総利益差異
　売上総利益差異は予算売上総利益と実際売上総利益との差額で，販売量差異と単位売上総利益差異に分析される。
　　販 売 量 差 異＝(実際販売量－予算販売量)×予算単位売上総利益
　　単位売上総利益差異＝(実際単位売上総利益－予算単位売上総利益)
　　　　　　　　　　　　　　　　　　　　×実際販売量

④ 直接材料費差異

　直接材料費差異は直接材料費予算額と直接材料費実際発生額との差額で，標準原価計算の差異分析と同じく，数量差異と価格差異に分析するが，製造量差異，数量差異および価格差異に分析することもできる。

　製造量差異＝(予算消費数量－実際生産量に対する許容消費数量)×予算価格
　数 量 差 異＝(実際生産量に対する許容消費数量－実際消費数量)×予算価格
　価 格 差 異＝(予算価格－実際価格)×実際消費数量

⑤ 直接労務費差異

　直接労務費差異は直接労務費予算額と直接労務費実際発生額との差額で，製造量差異，数量差異および価格差異に分析することもできる。

　製 造 量 差 異＝(予算作業時間－実際生産量に対する許容作業時間)×予算賃率
　作業時間差異＝(実際生産量に対する許容作業時間－実際作業時間)×予算賃率
　賃 率 差 異＝(予算賃率－実際賃率)×実際作業時間

⑥ 製造間接費差異

　製造間接費差異は製造間接費予定配賦額と製造間接費実際発生額との差額で，分析方法は，固定予算か変動予算のどちらを採用しているかで異なり，2分法，3分法，4分法などの方法がある。標準原価計算の差異分析と同じで，固定予算の3分法では，予算差異，能率差異および操業度差異に分析される。

　予 算 差 異＝製造間接費予算額－製造間接費実際発生額
　能 率 差 異＝(予算操業度－実際操業度)×予算配賦率
　操業度差異＝(実際操業度－基準操業度)×予算配賦率

　このように分析された予算実績差異は，その原因を是正することによって統制される。予算を月次予算，四半期予算として実施していれば，年次予算実施中に月次あるいは四半期単位で是正措置を講じることができる。

【設例6-1】
　製品Xの生産・販売を行っているA社では予算制度を採用しており，予算による差異分析を実施している。製造原価は予定価格を用いた実際原価計算で計算している。当年度の損益予算と実績データは，次の資料のとおりである。これにより，予算実績差異分析を行いなさい。

〈資料〉
1　損益予算

1．予算売上高	@10,000円×510個	5,100,000円
2．予算売上原価		
(1)期首製品棚卸高	@6,000円×50個	300,000円
(2)当期製品製造原価	@6,000円×500個	3,000,000円
内訳：直接材料費	@400円×2,500kg	1,000,000円
直接労務費	@500円×2,000時間	1,000,000円
製造間接費	@500円×2,000時間	1,000,000円

　　　ただし，基準操業度は2,000時間で，固定予算を採用する。

(3)期末製品棚卸高	@6,000円×40個	240,000円
3．予算営業費	@500円×510個＋800,000円	1,055,000円

2　実績データ

1．実際売上高	@10,400円×460個	4,784,000円
2．実際売上原価		
(1) 期首製品棚卸高	@6,000円×50個	300,000円
(2) 当期製品製造原価	@6,000円×450個	2,700,000円
内訳：直接材料費	@410円×2,120kg	869,200円
直接労務費	@495円×1,840時間	910,800円
製造間接費	@500円×1,840時間	920,000円

　　　ただし，製造間接費の実際発生額は950,000円

(3) 期末製品棚卸高	@6,000円×40個	240,000円

　　3．実際営業費　　　　　　　　@490円×460個＋850,000円　　　1,075,400円

[解　答]

1．損益計算書予算の分析

		予　　算	実　　績	差　　異
Ⅰ	売上高	5,100,000円	4,784,000円	−316,000円（不利）
Ⅱ	売上原価	3,060,000円	2,790,000円	270,000円（有利）
Ⅲ	営業費	1,055,000円	1,075,400円	−20,400円（不利）
	営業利益	985,000円	918,600円	−66,400円（不利）

2．売上高差異の分析

　　販売価格差異　（@10,400円−@10,000円）×460個　　184,000円（有利）

　　販売数量差異　（460個−510個）×10,000円　　　　−500,000円（不利）

　　　　　　計　　　　　　　　　　　　　　　　　　−316,000円（不利）

3．製造原価差異の分析

　①　直接材料費

　　価格差異　　（@400円−@410円）×2,120kg　　　−21,200円（不利）

　　製造量差異　（2,500kg−2,250kg）×@400円　　　100,000円（有利）

　　数量差異　　（2,250kg−2,120kg）×@400円　　　　52,000円（有利）

　　　計　　　　　　　　　　　　　　　　　　　　　130,800円（有利）

　②　直接労務費

　　賃率差異　　（@500円−@495円）×1,840時間　　　　9,200円（有利）

　　製造量差異　（2,000時間−1,800時間）×@500円　　100,000円（有利）

　　作業時間差異　（1,800時間−1,840時間）×@500円　−20,000円（不利）

　　　計　　　　　　　　　　　　　　　　　　　　　　89,200円（有利）

③ 製造間接費

予算差異	1,000,000円 − 950,000円	50,000円	（有利）
能率差異	（2,000時間 − 1,840時間）× @500円	80,000円	（有利）
操業度差異	（1,840時間 − 2,000時間）× @500円	−80,000円	（不利）
計		50,000円	（有利）

4．営業費差異の分析

価格差異	（@500円 − @490円）×460個	4,600円	（有利）
数量差異	（510個 − 460個）× @500円	25,000円	（有利）
固定費差異	800,000円 − 850,000円	−50,000円	（不利）
計		−20,400円	（不利）

5 IME社はどのように予算を活用すればよいか

　IME社では，社長から来年度の利益目標が指示され，これをもとに短期利益計画が設定された。本ケースではその利益計画の実施がテーマになる。

　利益計画実施のためには予算制度を利用するのがよい。まずはそのために組織を整えなければならない。社長を委員長にして，それぞれの職能部門長をメンバーとする予算委員会を設置する。予算管理担当部門としては経理部がそれにあたるのが適当であろう。

　予算編成方法としては，設定された利益目標を実現するために参加型の予算編成をするのがよいであろう。各職能部門長はこの利益目標を自分の部門に持ち帰り，自部門の部門予算を編成する。編成された部門予算は予算委員会に持ち寄り，部門間調整，全体調整をしながら，全社的な予算へと編成される。この調整は上から押しつけるのではなく，部門相互で納得がいくまでよく話し合う必要がある。不満が残ると，予算の実施，統制がうまくいかないので，できる限り調整を続けるのがよい。

　このように調整して編成された部門予算は総合予算にまとめ上げられ，全社に伝達され，周知される。

　次に統制活動は，実行予算としての月次予算，四半期予算を予算実績差異分析し，予算との相違の原因を調べ，是正措置を講じていく。場合によっては，次の月次計画を編成し直すことも考えられる。これらの成果は次年度の予算編成にもフィードバックされる。

　以上のように，IMA社では，効果的な予算管理を実施するために，組織を整え，経理部門を中心とした予算編成，予算統制を実施することを目指していくとよい。

練習問題

　問1　予算管理の機能について説明しなさい。

　問2　以下の資料によって，予算実績差異分析をしなさい。

〈資料〉

　1　予算データ

　　1．予算売上高　　　　　　　　＠1,000円×800個　　　　800,000円

　　2．予算製造原価（一部）

　　　（1）直接材料費　　　　　　＠100円×1,600個　　　　160,000円

　　　（2）直接労務費　　　　　　＠250円×800時間　　　　200,000円

　　　（3）期首，期末に製品および仕掛品は存在しない。

　2　実績データ

　　1．実際売上高　　　　　　　　＠1,200円×750個　　　　900,000円

　　2．実際製造原価（一部）

　　　（1）直接材料費　　　　　　＠120円×1,550個　　　　186,000円

　　　（2）直接労務費　　　　　　＠230円×770時間　　　　177,100円

　　　（3）期首，期末に製品および仕掛品はなかった。

参考文献

小林健吾（1996）『体系予算管理』東京経済情報出版。

日本管理会計学会・予算管理専門委員会（2005）「我が国企業における予算制度の実態調査報告書」『産業経理』別冊，産業経理協会。

第 7 章

事業部の業績管理
— 事業部の業績をどう評価するか —

本章のポイント

- 事業部の意義と特徴とは何か
- 事業部制における業績評価を学ぶ
- 事業部制における内部振替価格を理解する

YS電気では事業部の業績を何の指標で評価すべきか？

　YS電気は，パソコンとプリンターを生産・販売する企業である。シンプルな機能とデザインの製品を開発することにより，生産コストを抑え，低価格で販売するという戦略があたり，ここ数年急速に業績を伸ばしてきた。そこでYS電気株式会社では，従来の職能別組織を廃止し，パソコンとプリンターの各事業について迅速かつ適切な意思決定を行うために，事業部制組織を導入し，パソコン事業部とプリンター事業部を設けることにした。

　これまでYS電気では，市場において一定のシェアを獲得することを最大の目標としていたため，財務指標の中心となるのは売上高成長率であった。その目標もほぼ達成し，今回事業部制組織を採用するにあたり，各事業部の業績を評価するための新たな指標作りの必要性が生じた。

　以前より計算しているデータをもとに各事業部の売上高や原価額を集計すると，売上高はパソコン事業部が80億円，プリンター事業部が20億円であり，変動費はパソコン事業部が60億円，プリンター事業部が10億円であった。また，固定費は会社全体で25億円発生していた。これを損益計算書の形で示すと次のとおりである。

事業部別損益計算書 （単位：億円）

	パソコン事業部	プリンター事業部	合　計
売　上　高	80	20	100
変　動　費	60	10	70
限界利益	20	10	30
固　定　費			25
営業利益			5

　売上高ではパソコン事業部がプリンター事業部の4倍である。単純に各事業部の売上高で事業部の業績を評価するようなことはできそうもない。

　さて，YS電気では，どのような指標により事業部の業績を評価するのであろうか。

1　企業の組織形態－職能別組織と事業部制組織－

　現代の経営環境は，経済のグローバル化，市場競争の激化，情報処理や生産技術の急速な進歩などにより急速に変化している。こうした状況下において，大規模化や複雑化した企業では，経営管理上の権限と責任をトップ・マネジメントに集中させるのではなく，下部組織に委譲する必要性が生じた。このとき，企業の組織形態は，経営管理上の権限と責任の委譲の仕方により(1) 職能別組織と (2) 事業部制組織に大別される。

(1)　職能別組織

　職能別組織（functionalized organization）は，経営職能（製造，販売，人事，経理など）に基づいて区分された組織形態であり，各部門の管理者には当該部門の職能に関する権限と責任のみが委譲される。このとき，職能別組織の部門管理者は当該部門の原価あるいは収益に対して責任を負うことになるが，利益に対して責任を負うことはない。なお，管理者が自己の管理する組織において，発生する原価についてのみ責任を負う組織を原価中心点（cost center：コスト・センター），収益についてのみ責任を負う組織を収益中心点（revenue center：レベニュー・センター）という。

　職能別組織の組織図の例をあげれば**図表7-1**のとおりである。

図表7-1　職能別組織の組織図

職能別組織の長所と短所は次のとおりである。

〈長所〉

・　職能別に専門化されるため，スペシャリストの養成と活用が行われやすい。

〈短所〉

・　トップ・マネジメントが部門間の調整を行う必要があり，トップ・マネジメントの負担が増大する。

(2) 事業部制組織

　事業部制組織（divisionalized organization）は，製品，地域，市場などの基準により事業部と呼ばれる単位に分割された組織である。各事業部には大幅な権限と責任が委譲され，あたかも独立した1つの会社のように製造・販売，人事，経理活動などが行われる。

　事業部制組織は，職能別組織のように各事業部が原価責任あるいは収益責

図表7-2　事業部制組織の組織図

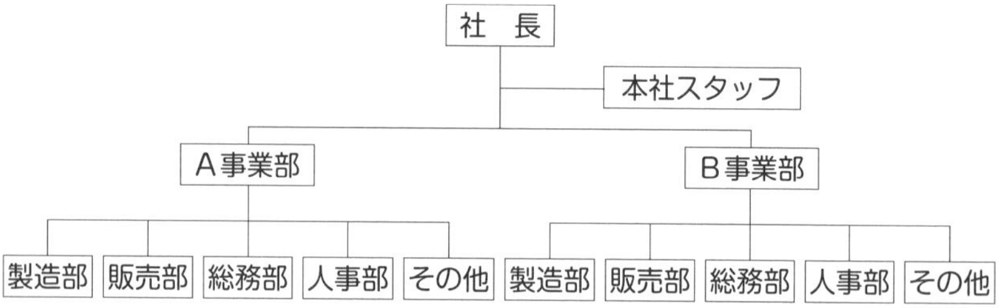

社　長

本社スタッフ

A事業部　　　　　　　　　B事業部

製造部｜販売部｜総務部｜人事部｜その他　製造部｜販売部｜総務部｜人事部｜その他

任を個別的に負うのではなく，当該事業部の利益責任を総合的に負う利益中心点（profit center：プロフィット・センター）になる。さらに，事業部が設備投資や研究開発投資などの投資に対する責任も有している場合には，投資中心点（investment center：インベストメント・センター）になる。

　事業部制組織の組織図の例をあげれば**図表7-2**のとおりである。

　事業部制組織の長所と短所は次のとおりである。

〈長所〉

①　本社のトップ・マネジメントよりも各事業に精通した事業部長が意思決定することにより，迅速かつ適切な意思決定が可能になる。

②　トップ・マネジメントは，意思決定の負担の分散や職能間の調整業務の軽減により，戦略的な問題に専念することができる。

③　利益責任が明確にされ，大幅な自由裁量権が付与されることにより，事業部長にモチベーションを与える。

④　事業部での意思決定や経営管理の経験は，事業部長にとって，より上級な経営管理者になるための訓練の場になる。

⑤　事業部長の業績が明確になる。

〈短所〉

①　事業部では主として利益額を基準に評価されることになるため，自事業部の利益の最大化を追求するあまり，ほかの事業部や全社的利益を犠牲にする意思決定が行われる可能性がある。

②　比較的短期的な利益を追求することに目が向けられ，中長期的な視点に欠ける傾向がある。

③　管理費用が余分にかかる。

　事業部制においては，事業部の目標と全社的な目標とが乖離しないためにも，事業部や事業部長に対しては適正な業績評価がなされるべきである。そこで次節では，事業部制における業績評価のあり方について説明する。

2 事業部制における業績評価

(1) 事業部で算定される利益

　事業部の業績を適正に評価するためには，責任会計制度の確立が必要となる。責任会計制度とは，経営組織上の管理者の責任と会計上の数値を結びつけることにより，責任者の業績を明確に把握し，管理上の効果を高めようとする会計制度である。つまり，責任者は，管理可能な事項についてのみ責任が問われるべきであり，管理不能な事項については責任を問われないという考え方に基づくものである。

　なお，事業部制の業績評価においては，本来，事業部長の業績評価と事業部の業績評価とを明確に区分して考える必要がある。この点を説明するために，まず，事業部で測定される利益概念について，事業部損益計算書のひな型（**図表7-3**参照）を用いながらみていく。

図表7-3　事業部別損益計算書

（単位：万円）

	A事業部	B事業部	全　　社
Ⅰ 売　　　　上　　　　高	40,000	50,000	90,000
Ⅱ 変　　　動　　　費	20,000	26,000	46,000
限　界　利　益	20,000	24,000	44,000
Ⅲ 管理可能個別固定費	11,000	15,000	26,000
管　理　可　能　利　益	9,000	9,000	18,000
Ⅳ 管理不能個別固定費	4,000	6,000	10,000
事　業　部　貢　献　利　益	5,000	3,000	8,000
Ⅴ 共　通　固　定　費			6,000
営　　業　　利　　益			2,000

126

　ここで，限界利益とは，すでに説明したとおり売上高から変動費を控除して算定される利益概念であり，固定費を回収し利益を生み出すための貢献額を意味する。この限界利益から固定費を控除することにより営業利益が算定されることになるが，固定費はその性質により3つに区分され，順次限界利益から控除されることになる。

　限界利益から個々の事業部長にとって管理可能となる固定費（たとえば，事業部長の方針によって決定される広告宣伝費や研究開発費）を控除して算定されるのが管理可能利益である。これは文字どおり当該事業部長にとって管理可能な利益を表しており，事業部長の業績を評価するうえで最も適した利益となる。

　ついで，管理可能利益から管理不能個別固定費を控除して算定されるのが事業部貢献利益である。ここで管理不能個別固定費とは，個々の事業部に直接跡づけることが可能であるが，当該事業部長にとって，ある一定期間その費目の発生に対して影響を及ぼせない固定費のことである。事業部が利益中心点である場合には，事業部に投資された設備の減価償却費は管理不能個別固定費となる。ただし，事業部が投資中心点である場合には，その減価償却費は管理可能固定費となる点に注意を要する。事業部の業績を評価するうえでは，この事業部貢献利益が最も適した利益となる。

　最後に事業部貢献利益から共通固定費を控除して営業利益が算定される。ここで共通固定費とは，各事業部に共通的に発生する固定費のことであり，本社関係の費用や新入社員の研修費用などがその具体例である。このとき業績評価の観点からは共通固定費を何らかの基準（売上高など）を用いて各事業部に配賦することは適切でないと考えられる。ただし，全社的な観点から，事業部以外で発生する原価に対しても事業部長に関心をもたせるという意味で，各事業部に共通固定費を配賦する場合もある。

(2) 事業部の業績評価尺度

　事業部の業績評価では，期間の売上高や利益額がそのまま使われる場合や，売上高利益率として使われることがある。また，事業部が投資中心点である場合には，投下資本と利益の関係から資本効率を算出した指標などを用いて業績を評価することも行われる。そこで以下では，①売上高利益率，②投資利益率および③残余利益を中心に説明する。

① 売上高利益率による業績評価

　売上高利益率は，元来日本の企業においてよく利用されているものであり，売上高と利益の関係から企業（事業部）の収益性を示す指標として，次の式で算定される。

$$売上高利益率 ＝ \frac{利益額}{売上高} \times 100$$

　上記**図表7-3**のケースにおいて，各事業部の売上高事業部貢献利益率を算出すれば次のとおりである。

$$A事業部売上高事業部貢献利益率：\frac{5,000万円}{40,000万円} \times 100 = 12.5\%$$

$$B事業部売上高事業部貢献利益率：\frac{3,000万円}{50,000万円} \times 100 = 6.0\%$$

　このケースにおいて事業部の業績を売上高事業部貢献利益率で評価すれば，A事業部の業績が良いということになる。

② 投資利益率による業績評価

　投資利益率（return on investment：ROI）は，投下資本と利益の関係から企業（事業部）の収益性を示す指標であり，次の式で算定される。

$$投資利益率 ＝ \frac{利益額}{投資額} \times 100$$

128

　さらに，この投資利益率は，以下に示すとおり上述した売上高利益率と資本回転率とに分解することができ，それぞれの数値から有用な情報を入手することが可能となる。

$$投資利益率 = \frac{利益額}{投資額} = \frac{利益額}{売上高} \times \frac{売上高}{投資額}$$

【設例 7-1】

　以下の資料に基づき，A，B両事業部および企業全体の投資利益率を算定しなさい。

〈資料〉

	A事業部	B事業部	企業全体
投資額	15,000万円	60,000万円	75,000万円
利益額	3,000万円	5,400万円	8,400万円

解　答

　　A事業部投資利益率：$\dfrac{3,000万円}{15,000万円} \times 100 = 20.0\%$

　　B事業部投資利益率：$\dfrac{5,400万円}{60,000万円} \times 100 = 9.0\%$

　　企業全体の投資利益率：$\dfrac{8,400万円}{75,000万円} \times 100 = 11.2\%$

　ここで両事業部を比較した場合，利益の金額ではB事業部が上回るため，利益額を事業部の評価尺度とした場合にはB事業部が優れていることになる。しかしながら，B事業部にはA事業部の4倍の資本が投下されており，資本効率を考えた場合には投資利益率の高いA事業部が優れていることになる。

　このように，投資利益率には，規模の影響を排除し，規模の異なる事業部

129

間の比較や同業他社との比較が可能になるというメリットがある。反面，投資利益率による業績評価は，事業部長の目を短期的な視点に立った活動に向けさせやすいという事態を生じさせる。つまり，投資利益率を高めるための手段として，分子である利益額を増大させることと分母である投資額を削減することが考えられるが，利益を高めることよりも投資額を削減することが，通常，容易であるため，長期的には必要となる設備投資や研究開発投資を行わない可能性があるということである。

たとえば，設例7-1のA事業部において，投資額10,000万円，利益予想額1,500万円の投資案が提案された場合，これを行うとA事業部の投資利益率は，次のようになる。

$$新規投資後の投資利益率：\frac{3,000万円 + 1,500万円}{15,000万円 + 10,000万円} \times 100 = 18.0\%$$

A事業部長は，この投資により投資利益率が20.0％から18.0％に引き下がるため，投資案を受け入れない可能性がある。しかしながら，この企業の資本コスト率が10％であった場合には，当然，全社的にみれば投資案を実施すべきである。

逆にB事業部においては，投資により事業部の投資利益率が高まるような投資案を実行したいと考えるであろうが，それが資本コスト率を下回るような投資であれば，実施すべきではない。

なお，ここで資本コストとは，資本の利用による価値犠牲のことであり，資本コスト率とは，投下資本に対して要求される最低所要利益率のことである。なお，資本コストの詳細については，第9章で改めて説明する。

このように，業績評価尺度として投資利益率を用いた場合，比率を高めることに目が向けられやすくなるため，この点を改善することを意図して提案されたのが残余利益である。

③ 残余利益による業績評価

残余利益（residual income：RI）は，事業部の管理可能利益から事業部

投下資本に対する資本コストを控除して残った利益のことであり，次の式で求められる。

残余利益＝管理可能利益－事業部投下資本×資本コスト率

【設例7-2】

設例7-1の企業の資本コスト率が10%である場合の，A，B両事業部および企業全体の残余利益を算定しなさい。

解　答

A事業部：3,000万円－15,000万円×10%＝1,500万円

B事業部：5,400万円－60,000万円×10%＝－600万円

企業全体：8,400万円－75,000万円×10%＝　900万円

このように残余利益は，比率ではなく金額で示され，各事業部の残余利益の最大化が，企業全体の利益の最大化につながる。残余利益を用いた場合には，投資利益率の説明の際に用いた同じ投資案（投資額10,000万円，利益予想額1,500万円）を実行した場合，A事業部の残余利益は次のように計算される。

投資案実施後のA事業部残余利益：

（3,000万円＋1,500万円）－（15,000万円＋10,000万円）×10%＝2,000万円

この投資案を実行することにより，A事業部の残余利益が500万円増加するとともに，企業全体としての残余利益も500万円増加することになる。

しかしながら，残余利益を用いた業績評価にも問題点はある。まず1つとして，残余利益は利益の金額として計算されるため，もともと規模の大きな事業部ほど，多額の残余利益を獲得しやすい性格をもつということである。また，残余利益の計算においては資本コストを用いることになるが，資本コスト率を算定するための大きな要素としての利子率の変化は事業部長にとって管理不能である。

④　その他の業績評価尺度

　事業部の業績評価尺度として，期間利益額，売上高利益率，投資利益率，残余利益についてみてきたが，これ以外にも会計数値的な評価尺度としてEVA®などがある。

　EVA®（economic value added：経済的付加価値）は，アメリカのコンサルティング会社であるスターン・スチュワート社によって開発された業績評価指標であり，残余利益の一形態として考えられる。EVA®は次の計算式で求められる。

EVA®＝税引後営業利益－加重平均資本コスト×投下資本

　また，事業部の業績評価においては，会計数値だけではなく，顧客満足度，技術開発力，人材育成力などの会計数値以外の要素も考慮すべき必要がある。

3 事業部制における内部振替価格

　上述したとおり，事業部の業績評価では売上高利益率，投資利益率あるいは残余利益などのいずれを用いる場合でも，利益額の算定が必要不可欠となる。各事業部が外部の取引先にのみ製品やサービスを販売している場合には，当然，市価が存在し売上高が確定するため，事業部の原価を控除することにより利益が算定される。しかしながら，製品やサービスは外部に販売するだけでなく，社内の別の事業部に提供すること（これを内部振替取引という）も行われる。この内部振替取引において取引される製品やサービスに設定される価格を内部振替価格という。

　内部振替価格（transfer price）は事業部の利益に直結することになり，事業部の業績評価や意思決定に影響を及ぼすことから，その設定については慎重に行われるべきである。つまり，C事業部（供給事業部）が自事業部の製品をD事業部（受入事業部）に内部振替価格2,000万円で提供（販売）し

たと仮定すると，C事業部にとっては2,000万円の売上高になると同時に，D事業部にとっては2,000万円の仕入原価となり，それぞれの事業部の利益額に影響を及ぼすからである。

内部振替価格の設定に関してはいくつかの基準が考えられるが，以下では市価基準，原価基準および交渉価格基準の3つの基準について説明する。

(1) 市価基準

市価基準は，事業部間で振り替えられる製品やサービスについて市価が存在する場合に成立する基準であり，さらに単純市価基準と市価差引基準に区分される。単純市価基準とは外部の市価をそのまま振替価格として適用することであり，市価差引基準とは企業内部間の取引であるため不要となる販売費分（運送費，広告費など）を差し引いて振替価格とすることである。

【設例7-3】

C事業部では部品Xを製造しており，そのすべてをD事業部に供給している。部品Xの製造原価が40,000円であり，それを市価基準により算定した内部振替価格48,000円でD事業部に供給する。D事業部ではさらに加工費20,000円をかけ製品Yとして外部に80,000円で販売したとする。このときのC,D両事業部および企業全体の利益を算定しなさい。部品Xおよび製品Yの在庫や仕掛品はないものとする。

解　答

	C事業部	D事業部	企業全体
売上高	48,000円	80,000円	80,000円
原　価	40,000	68,000	60,000
利　益	8,000円	12,000円	20,000円

D事業部の原価：

68,000円＝48,000円（内部振替価格）＋20,000円（D事業部加工費）

企業全体の原価：

60,000円＝40,000円（C事業部製造原価）＋20,000円（D事業部加工費）

この計算例からもわかるとおり，市価基準を用いた場合には，会社全体の利益（20,000円）がC事業部の利益（8,000円）とD事業部の利益（12,000円）とに振り分けられる。これにより，各事業部において利益を基準とした業績評価が可能となる。また，市価基準を用いることにより受入事業部にとっては，供給事業部における能率の良否に左右されることなく業績が評価されることになる。このように，市価基準は内部振替価格の設定基準として最適であると考えられる。

しかしながら，市価基準にも問題点はある。まず，供給事業部の製品やサービスに市価が存在しない場合には適用が不可能である。また，市価が存在する場合でも，それが完全競争市場ではなく不完全競争市場である場合には適用が困難である。

(2) 原価基準

原価基準は，内部振替取引において上述した市価基準が適用できない，あるいは適用が困難である場合に主として用いられる基準である。原価基準には，さらに，全部原価基準，限界原価基準，原価加算基準などがある。

①　全部原価基準

全部原価基準とは，供給事業部の全部原価を振替価格とする方法である。

【設例7-4】

設例7-3のC，D両事業部および企業全体の利益を全部原価基準で算定しなさい。

解　答

	C事業部	D事業部	企業全体
売上高	40,000円	80,000円	80,000円
原　価	40,000	60,000	60,000
利　益	0円	20,000円	20,000円

解　説

D事業部の原価：

60,000円＝40,000円（C事業部製造原価）＋20,000円（D事業部加工費）

　この計算例からわかるように，全部原価基準を用いた場合，製品Yの販売から得られるすべての利益がD事業部の利益として算定されることになり，業績評価の観点からは適切でないと考えられる。また，全部原価の回収という長期的な視点では有用な情報を提供できる反面，短期的な意思決定には有用な情報を提供できないといえる。

　また，全部原価基準は，実際原価を用いるか標準原価を用いるかにより，全部実際原価基準と全部標準原価基準に分類される。実際原価を用いた場合には，供給事業部の能率の良否が受入事業部の利益に影響を及ぼすことになるため，全部原価基準を採用する場合には全部標準原価基準の方が有効である。

②　限界原価基準

限界原価基準は変動費基準あるいは差額原価基準ともいわれ，供給事業部

の変動費のみを内部振替価格とする方法である。全部原価基準同様，限界原価基準でも供給事業部の利益は算定されず，業績評価には適さない。限界原価基準は，供給事業部の生産能力に余裕がある場合にかぎり，短期的な意思決定のための有用な情報を提供できると考えられる。

③　原価加算基準

原価加算基準はコスト・プラス基準ともいわれ，供給事業部での製造原価に一定の利益を加算し，内部振替価格とする方法である。

【設例7-5】

設例7-3のC事業部の製造原価に25％のマージンを上乗せした金額を内部振替価格としている場合のC，D両事業部および企業全体の利益を全部原価基準で算定しなさい。

解　答

	C事業部	D事業部	企業全体
売上高	50,000円	80,000円	80,000円
原　価	40,000	70,000	60,000
利　益	10,000円	10,000円	20,000円

解　説

D事業部の原価：

70,000円＝50,000円（内部振替価格）＋20,000円（D事業部加工費）

この計算例からもわかるとおり，原価加算基準を用いた場合には供給事業部，受入事業部とも利益が算定される。この場合，供給事業部には一定の利益が安定的に算定されることになり，供給事業部の能率の良否が反映されないため，業績評価には適さないといえる。

(3) 交渉価格基準

交渉価格基準とは，供給事業部と受入事業部との交渉により内部振替価格を決定することである。これは市価基準や原価基準による内部振替価格が適切でない場合に用いられる。

4 YS電気における事業部の評価

YS電気では，さらにデータを分析し，固定費を事業部単位の管理可能個別固定費，管理不能個別固定費および共通固定費に区分した。その結果が次に示す事業部別損益計算書である。

事業部別損益計算書

（単位：億円）

	パソコン 事 業 部	プリンター 事 業 部	合　　計
I 売　　上　　高	80	20	100
II 変　　動　　費	60	10	70
限　界　利　益	20	10	30
III 管理可能個別固定費	5	2	7
管 理 可 能 利 益	15	8	23
IV 管理不能個別固定費	5	4	9
事 業 部 貢 献 利 益	10	4	14
V 共　通　固　定　費			9
営　業　利　益			5

YS電気の事業部は，投資中心点ではなく，利益中心点であるため，投資利益率や残余利益による評価は行わないことにした。そのうえで，従来から中心的に用いている売上高成長率は今後も事業部単位で利用するとともに，当面，事業部長の業績は当該事業部の売上高管理可能利益率，また，事業部の業績は売上高事業部貢献利益率により評価することにした。

問1　事業部制組織における業績評価尺度をあげ，その特徴をまとめなさい。

問2　内部振替価格の種類とその特徴をまとめなさい。

〈参考文献〉

櫻井通晴（2009）『管理会計　第四版』同文舘出版。

西澤　脩（2007）『原価・管理会計論』中央経済社。

宮本寛爾，小菅正伸編著（2006）『管理会計概論』中央経済社。

分権化組織のその他の形態

　分権化組織形態としては，本章で取り上げた事業部制組織のほかに，カンパニー制やグループ経営といった組織形態がある。

　たとえば，カンパニー制は，ソニーにより初めて採用され，その後多くの企業が積極的に導入を進めた組織形態である。カンパニー制では投資権限や人事権が大幅に移譲され，各カンパニーが完全な投資中心点となる。事業部制組織とカンパニー制の最大の相違点は，「カンパニーは，利益管理のほか資金管理も実施するため，社内資本金制度や社内配当・金利制度等も導入すること」（西澤脩（2007）『原価・管理会計論』中央経済社，p.186）である。

第 **8** 章

業務的意思決定のための会計

― 一部品種の生産中止などの意思決定 ―

本章のポイント

- 意思決定の意義や意思決定のための原価概念を理解する
- 差額原価収益分析の意義と分析法を学ぶ
- 業務的意思決定の特徴とは何か
- 業務的意思決定を計算例で理解する

CH工業では一部品種の生産を止めるべきか？

　CH工業は，3種類の製品（A，B，C）を生産・販売している。ここ数年各製品の販売数量は安定しており，会社全体としては黒字経営を続けている。黒字経営ということもあり，これまで各製品の生産や販売に関する根本的な検討はなされてこなかった。しかしながら，技術畑出身で今期より新たに就任した社長から次年度の生産・販売計画について，より詳細に検討せよとの指示があり，各部門で調査・検討が行われた。

●販売部門

　「各製品とも固定客を中心に需要が安定しており，広告宣伝活動を強化しても短期的には販売数量を増やすことが困難である。」

●製造部門

　「製造原価については標準原価計算を導入し徹底した原価管理を行っており，新しい機械の導入といった抜本的な対策を行わないかぎり，原価を引き下げることは困難である。」

●企画部門

　「現時点では新製品開発のための基礎的な研究も行っておらず，短期的に新製品を開発することは無理である。」

　このように，CH工業では，各製品の販売数量の増加，原価の削減および新製品の導入は短期的に難しい状況にある。そこで，この報告を受けた社長は，経理部門に対し次のような指示をだした。

●社　　長

　「従来わが社では黒字経営ということもあり，製品ごとの利益や損失を算定していない。3つの製品のうち本当は儲かっていない製品があるかもしれない。そうした製品があればその生産・販売を中止することにより利益の額がさらに大きくなるはずである。各製品の収益性がわかる資料を作成してくれ。」

　経理部門では社長の指示を受け，関係部門とも協力し資料作りが開始された。

　さて，ＣＨ工業は，どのような資料を作成・分析し，意思決定を行うべきであろうか。

1 意思決定の意義とプロセス

(1) 意思決定の意義

　経営管理者は企業経営において意思決定を必要とするさまざまな問題に直面し，そのつど，適切な判断を下す必要がある。ここで意思決定（decision making）とは，「経営管理者が一定の目標を達成するために，複数の代替案のなかから1つの案を選択すること」と定義することができる。

　このとき意思決定は，その意思決定が経営構造そのものに関するものか否かにより，業務的意思決定と戦略的意思決定に分類できる。

図表 8 - 1　意思決定の分類

```
　　　　　┌ 業務的意思決定…経営の基本構造の変更をともなわない意思決定
意思決定─┤
　　　　　└ 戦略的意思決定…経営の基本構造に関する意思決定
```

　業務的意思決定は，経営の基本構造の変更をともなわない意思決定であり，主として短期間を対象とした意思決定であるため，貨幣の時間価値を考慮する必要がない。具体的には，次のようなものが例としてあげられる。

①　新規注文の引き受け可否に関する意思決定

②　部品を自製するか購入するかに関する意思決定

③　最適セールス・ミックスに関する意思決定
④　既存製品のうち，一部品種の生産・販売を中止するか否かに関する意思決定

　他方，戦略的意思決定は，経営の基本構造に関する意思決定であり，その効果が長期にわたるため，貨幣の時間価値を考慮する必要がある。設備投資や経営立地に関する意思決定がこの具体例であるが，戦略的意思決定については次章で改めて説明する。

(2) 意思決定のプロセス

　意思決定のプロセスをまとめれば，**図表8-2**のとおりである。このとき，代替案の数量化ならびに比較検討の段階において，適切な管理会計情報が必要となる。なお，意思決定においては，測定可能な定量的情報のみで判断が下されるとは限らない。数量化できない定性的情報も経営管理者は考慮し，最終的な判断を下す場合もある。

図表8-2　意思決定のプロセス

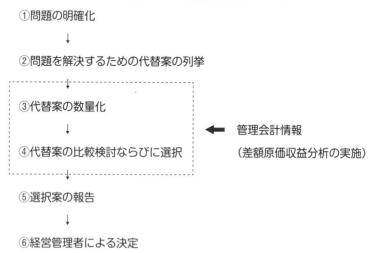

①問題の明確化
　　↓
②問題を解決するための代替案の列挙

③代替案の数量化
　　↓　　　　　　　　　　　　　　◀ 管理会計情報
④代替案の比較検討ならびに選択　　　（差額原価収益分析の実施）

⑤選択案の報告
　　↓
⑥経営管理者による決定

2 意思決定のための原価

　意思決定は将来の活動内容を決めることであり，必要となる原価も意思決定に関連する関連原価，すなわち未来原価でなければならない。経常的な原価計算制度で計算された歴史的原価はほとんど役に立たず，原価計算制度外で行われる特殊原価調査が必要となる。この特殊原価調査で用いられる原価が，特殊原価であり，意思決定において代替案の評価を行うために利用される。

　以下では，特殊原価のうち代表的なものを取り上げ，説明する。

①　差額原価

　差額原価（differential cost）とは，特定の意思決定に関連して増減変化する原価のことである。つまり，各代替案間で原価要素の発生額が異なる場合のその差額として把握されるものである。差額原価は，それが増加差額として把握される場合に増分原価，減少差額として把握される場合に減分原価と解することもあるが，差額原価と増分原価を同義と解することもある。

　操業度の変化のみを前提とした場合，差額原価は変動費のみから構成されることになるが，プロダクト・ミックスや生産方法の変更にともなう新規設備の導入のようなケースでは，変動費だけでなく固定費も差額原価に含まれる。

②　埋没原価

　埋没原価（sunk cost）とは，特定の意思決定に関連して増減変化しない原価であり，意思決定に関連しないことから，その本質は無関連原価である。

　たとえば，ある製品の追加注文を受けた場合，追加注文による収益と原価の増加分を比較し，注文を受けるか断るかを判断することになる。このとき，追加注文を受けても生産能力に余裕があるため新規機械の導入や機械の取替えを必要としない場合，現有機械の減価償却費は注文を受けた場合でも断っ

た場合でも発生することになる。この場合の機械の減価償却費は，意思決定にとって無関連であり，埋没原価になる。

　差額原価と埋没原価を例示すれば，**図表8-3**のとおりである。このとき，固定製造間接費は，Ａ案，Ｂ案とも同額（70,000円）が発生するため，意思決定上，埋没原価となる。

図表8-3　差額原価と埋没原価

	Ａ　案	Ｂ　案	差　額	
直 接 材 料 費	40,000円	54,000円	14,000円	┐
直 接 労 務 費	60,000	54,000	△6,000	→費目ごとの差額原価
変動製造間接費	50,000	45,000	△5,000	┘
固定製造間接費	70,000	70,000	－	→埋没原価
合　　計	220,000円	223,000円	3,000円	→総額としての差額原価

③　機会原価

　機会原価（opportunity cost）とは，代替案のなかから1つの案を採用することにより失われることになった，ほかの代替案の利益額のことである。このとき，選択しなかった代替案が複数ある場合には，そのなかの最大利益額が機会原価となる。

　たとえば，次のようなケースにおいて利益額が最大となるＡ案を選択した場合，残りのＢ案，Ｃ案のうち，利益額の大きいＣ案の利益額である180万円が機会原価となる。

	Ａ案	Ｂ案	Ｃ案
売上高	850万円	700万円	800万円
原　価	650	550	620
利　益	200万円	150万円	180万円

　なお，金額的に最有利であるＡ案ではなく，Ｃ案を選択した場合，20万円（＝Ａ案の利益額－Ｃ案の利益額）の損失を被ることになる。この損失のことを機会損失（opportunity loss）という。

　特殊原価としては上記のほかに，現金支出原価，回避可能原価，延期可能原価および取替原価などがある。

> **ターム**　**特殊原価，関連原価，未来原価**
>
> 　意思決定に関連する原価（概念）の定義は，必ずしも統一的なものではないが，特殊原価，関連原価および未来原価を定義すれば，次のとおりである。
>
> 特殊原価：意思決定に際し代替案の評価のために利用される各種原価概念の総称。
>
> 関連原価：特定の意思決定にとって関連のある原価であり，代替案間でその発生が異なる原価。差額原価と同義と捉える場合とより包括的な概念として捉える場合がある。
>
> 未来原価：将来発生すると考えられる原価の総称。未来原価は意思決定だけでなく（たとえば標準原価として）業績評価にも用いられる。

3　差額原価収益分析

(1) 差額原価収益分析の意義と分析法

　意思決定において代替案のなかから１つの案を選択するために主として利用される分析手法が，差額原価収益分析である。差額原価収益分析（differential cost and revenue analysis）は増分分析または差額分析ともいわれ，意思決定のための特殊な原価情報を用いて行われるものであり，特殊原価調査の代表的な手法の１つである。

差額原価収益分析では，そのときの意思決定が原価のみに影響を及ぼすものであれば，代替案の差額原価を計算し，有利・不利を判定する。収益にも影響を及ぼす意思決定の場合には，差額利益（＝差額収益−差額原価）を計算し，有利・不利を判定する。

　差額原価収益分析では，その分析方法に①総額法と②差額法がある。

①　総額法

　これは，すべての代替案について，原価総額（収益にも影響を及ぼす場合には収益総額，原価総額および利益額）を計算し，差額原価（収益にも影響を及ぼす場合には差額収益，差額原価および差額利益）を明示することにより，有利・不利を判定していく方法である。

②　差額法

　これは，ある代替案を基礎とし，ほかの代替案との差額原価（収益にも影響を及ぼす場合には差額収益から差額原価を控除した差額利益）のみを明示することにより，有利・不利を判定していく方法である。

　両者を比較すると，総額法は各代替案の原価や収益の総額がわかる反面，意思決定に関連しない情報までが含まれることになる。また，差額法に比べ資料の作成に手間もかかる。これに対し差額法は，意思決定に関連する情報だけをまとめた資料であり，経営管理者に比較的理解されやすい。ただし，代替案の数が多くなると，どの案を基準にすべきかなど複雑な面もでてくる。どちらの方法を用いるかは，その情報利用者である経営管理者にとっての理解しやすさで決める必要がある。

(2) 差額原価収益分析の計算例

①　新規注文の引き受け可否に関する意思決定

　企業では，新規注文が入った場合，その注文価格で引き受けるべきか否かの意思決定がなされる。この場合，注文を引き受けなかった場合の利益と引

き受けた場合の利益を比較し，有利・不利を判定する。

【設例8-1】

　NA工業は製品Aを生産・販売している会社である。最近は取引先や注文量が安定しており，平均して月間20,000個の生産・販売ペースを維持している。今月もまた20,000個（販売単価5,000円）の生産・販売を予定している。そんな折，これまで取引関係のなかったUE物産より，製品A5,000個（注文価格4,000円）の新規注文が入った。この注文を受けるべきか断るべきかの判断を下しなさい。

〈資料〉

　　製品Aの生産に関するデータ

　　1．製品A20,000個を生産するための原価

　　　　　変動製造原価　60,000,000円（@3,000円×20,000個）

　　　　　固定製造原価　<u>25,000,000円</u>（月間）

　　　　　　合　　計　　<u>85,000,000円</u>

　　　　　製品単位原価　　4,250円（＝85,000,000円÷20,000個）

　　2．生産能力に余力があり，月間30,000個までは設備などの追加を必要としない。

　　3．販売費および一般管理費は発生しない。

| 解　答 |

注文を引き受けるべきである。

| 解　説 |

　このとき，注文価格（4,000円）より製品単位原価（4,250円）の方が大きいため注文は断るべきと考えるのは誤りである。このケースでは，生産能力に余力があり，5,000個の追加生産を行っても，月間の固定製造原価は変化しない。したがって，新規注文を受けた場合，変化するのは売上高と変動製造原価だけであり，意思決定に

必要な資料を総額法で示せば，以下のようになる。

	引き受けた場合	断った場合	差　額	
売　上　高	120,000,000円[1)]	100,000,000円	20,000,000円	（差額収益）
売上原価				
変動費	75,000,000[2)]	60,000,000	15,000,000	（差額原価）
固定費	25,000,000	25,000,000	－	
営業利益	20,000,000円	15,000,000円	5,000,000円	（差額利益）

1) 120,000,000円 = 5,000円 × 20,000個 + 4,000円 × 5,000個

2) 75,000,000円 = 3,000円 × （20,000個 + 5,000個）

この資料からわかるように，注文を引き受けた場合の利益が5,000,000円増加するため，新規注文を引き受けるべきである。

なお，注文を引き受けた場合をベースに差額法により示せば，次のとおりである。

注文を引き受けた場合

差額収益　20,000,000円（＝4,000円×5,000個）

差額原価　15,000,000　（＝3,000円×5,000個）

差額利益　　5,000,000円

②　部品を自製するか購入するかに関する意思決定

企業は使用する部品を，自製するか他社から購入するか意思決定する必要がある。この場合，自製することにより追加的に発生する差額原価と購入により発生する差額原価（部品の購入原価）を比較し，有利・不利を判定する。

【設例8-2】

NI工業では，これまで部品Aを自製してきたが，製造原価の上昇にともない外部からの購入について検討している。以下の資料に示すとおり，月間5,000個の生産を基準として部品Aの製造単位原価は14,800円である。外部から購入した場合，輸送費込みで1個当たり14,000円での購入が可能ということがわ

かった。また，部品Aの自製をやめた場合，固定製造間接費のうち4,000,000円の発生が回避される。部品Aを自製すべきか購入すべきか判断しなさい。

〈資料〉

1．部品Aの必要数量　5,000個（月間）

2．部品Aの外部からの購入価格　13,000円/個

　　なお，輸送費として1,000円/個も発生する。

3．部品Aの製造単位原価

　①　直接材料費：　5,000円/個

　②　直接労務費：　4,800円/個

　③　製造間接費：　5,000円/個（うち固定製造間接費：2,000円/個）

　　　合　計　　14,800円/個

[解　答]

自製することが有利である。

[解　説]

　このケースは，収益に影響を及ぼさない意思決定であり，差額原価のみで判断することができる。自製と購入の場合の原価を総額法で示せば，次のとおりである。自製の場合の原価が購入の場合の原価よりも総額で2,000,000円少なくなるため，自製が有利となる。なお，購入した場合，固定製造原価のうち4,000,000円は発生を回避できるものの，6,000,000円（＝2,000円/個×5,000個－4,000,000円）は発生する点に注意が必要である。

	自製した場合	購入した場合	差　額
購　入　原　価	－	70,000,000円	△70,000,000円
直 接 材 料 費	25,000,000円	－	25,000,000円
直 接 労 務 費	24,000,000円	－	24,000,000円
変動製造間接費	15,000,000円	－	15,000,000円
固定製造間接費	10,000,000円	6,000,000円	4,000,000円
合　　計	74,000,000円	76,000,000円	△2,000,000円

③ 最適セールス・ミックスに関する意思決定

複数の製品を生産・販売している場合，製品の販売量の組合せを変更することにより，利益の改善を図ることがある。このとき，企業の営業利益を最大にする製品の組合せのことを，最適セールス・ミックスという。

最適セールス・ミックスを決定するためには，各製品の限界利益が判断の基準となる。ただし，企業には売上高，販売数量，機械運転時間などの制約条件が存在することが一般的である。制約条件が１つであれば，各製品の制約条件１単位当りの限界利益を比較し，その金額の大きい製品の生産・販売を優先することにより最適セールス・ミックスを求めることができる。制約条件と収益性の判断基準（指標）をまとめれば，次のとおりである。

制約条件		判 断 基 準
売 上 高	…	売上高限界利益率（＝限界利益÷売上高）
販 売 数 量	…	製品１単位当たりの限界利益
機械運転時間	…	機械運転１時間当たりの限界利益
材料消費数量	…	材料消費１単位当たりの限界利益

【設例8-3】

SA工業は，２種類の製品（A，B）を生産販売している。以下の資料に基づき，最適セールス・ミックスとそのときの営業利益を求めなさい。

〈資料〉

1．販売価格と原価に関するデータ

	製品A	製品B
販売単価	1,000円	800円
単位当たり変動費	600円	500円
固定費（年間）	450,000円	

2．機械運転時間に関するデータ

各製品１個を生産するための機械運転時間は，製品Aが４時間，製品Bが２時

間であり，共通的に使用する機械の年間運転時間は最大5,000時間である。

3．販売数量に関するデータ

需要の関係で，製品Aの最大販売数量は3,000個，製品Bの最大販売数量は2,000個である。

解　答

最適セールス・ミックス：製品A　250個　　製品B　2,000個

営業利益：250,000円

解　説

最適セールス・ミックスを求める場合，需要や物的生産条件などの制約条件1単位当たりの限界利益を考慮し，決定する必要がある。この設例の製品1単位当たりの限界利益ならびに制約条件（機械運転時間）1単位当たりの限界利益を示せば，次のとおりである。

	製品A	製品B
販売単価	1,000円	800円
単位当たり変動費	600	500
単位当たり限界利益	400円	300円
機械運転1時間当たりの限界利益	100円	150円

本問で機械運転時間（両製品に共通の制約条件）の制約がなければ，製品1単位当たりの限界利益が大きい製品Aの生産・販売を優先すればよいことになるが，機械運転時間に関する条件により，機械運転1時間当たりの限界利益が大きい製品Bの生産・販売を優先させることがよい。つまり，製品Bを最大販売数量（2,000個）まで生産し，余った機械運転時間（1,000時間＝5,000時間－2,000個×2時間）を製品Aの生産（250個＝1,000時間÷4時間）に振り向ければよいことになる。これにより，営業利益は次のように計算される。

	製品A	製品B	合　計
売　上　高	250,000円	1,600,000円	1,850,000円
変　動　費	150,000	1,000,000	1,150,000
限界利益	100,000円	600,000円	700,000円
固　定　費			450,000
営業利益			250,000円

なお，営業利益は，製品単位当たりの限界利益を使い，次のようにも計算できる。

営業利益：400円×250個＋300円×2,000個－450,000円＝250,000円

　このように各製品に共通する制約条件が１つの場合には，比較的簡単な計算で最適セールス・ミックスを求めることが可能である。しかしながら，制約条件が複数になると，線型計画法（リニア・プログラミング）を用いる必要が生じる。

【設例8-4】

　設例8-3の資料のうち，機械運転時間に関するデータの条件のみが次のように変更された場合の最適セールス・ミックスと，そのときの営業利益を計算しなさい。

〈資料〉

2．機械運転時間に関するデータ

　製品A，Bを生産するためには，X機械とY機械による加工が必要であり，製品1個を生産するために必要な機械運転時間と年間の最大運転時間は，次のとおりである。

	製品A	製品B	最大運転時間
X機械	4時間	2時間	5,000時間
Y機械	2時間	4時間	5,200時間

解　答

　最適セールス・ミックス：製品Ａ　800個　　製品Ｂ　900個

　営業利益：140,000円

解　説

　最適セールス・ミックスを求めるためには，制約条件の数式をグラフ化し，すべての条件を満たす可能領域を明らかにする必要がある。ここで，製品Ａの生産数量をx個，製品Ｂの生産数量をy個とすると，次のように数式化できる。

　　制約条件：$4x + 2y \leqq 5{,}000$…（X機械に関する制約）

　　　　　　　$2x + 4y \leqq 5{,}200$…（Y機械に関する制約）

　　　　　　　$x \leqq 3{,}000$…（製品Ａの販売数量に関する制約）

　　　　　　　$y \leqq 2{,}000$…（製品Ｂの販売数量に関する制約）

　　非負条件：$x \geqq 0, \ y \geqq 0$

　この条件において利益（限界利益）を最大にすることが目的であるため，次の目的関数が導き出される。

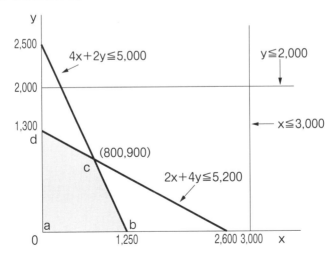

目的関数：$400x + 300y \Rightarrow \max$

このケースでは，変数が2つだけであるため，制約条件と非負条件をグラフに示すことにより最適セールス・ミックスを求めることが可能となる。

このとき，すべての条件を満たす領域は網掛けした部分であり，目的関数を最大にする値は端点a，b，c，dのいずれかにある。

端点	製品A	製品B	限界利益の計算
a	0個	0個	400円× 0個+300円× 0個= 0円
b	1,250個	0個	400円×1,250個+300円× 0個=500,000円
c	800個	900個	400円× 800個+300円× 900個=590,000円
d	0個	1,300個	400円× 0個+300円×1,300個=390,000円

この結果からわかるように，製品A800個，製品B900個の組合せが最適セールス・ミックスとなる。また，このときの営業利益は，次のように計算できる。

	製品A	製品B	合　計
売　上　高	800,000円	720,000円	1,520,000円
変　動　費	480,000	450,000	930,000
限界利益	320,000円	270,000円	590,000円
固　定　費			450,000
営業利益			140,000円

4 CH工業の意思決定

CH工業の経理部門が作成した当期の製品別損益計算書は，次に示すとおりである。また，次期の業績についても，当期と同様であると予測されている。なお，共通固定費（6,000万円）は，各製品の売上高を基準に配賦した形で示されている。

製品別損益計算書			（単位：万円）
	製品A	製品B	製品C	合　計
売　　上　　高	15,000	20,000	25,000	60,000
変 動 売 上 原 価	9,000	12,000	17,500	38,500
変動製造マージン	6,000	8,000	7,500	21,500
変 動 販 売 費	1,500	2,000	1,500	5,000
限 界 利 益	4,500	6,000	6,000	16,500
個 別 固 定 費	3,500	2,500	2,500	8,500
貢 献 利 益	1,000	3,500	3,500	8,000
共 通 固 定 費	1,500	2,000	2,500	6,000
営 業 利 益	△500	1,500	1,000	2,000

　これをみた社長から，「製品Aの営業利益がマイナスであるため，生産・販売を中止した方が良いのでは」，との疑問が出されたが，経理部門より，次のような説明が行われた。

　「各製品の収益性は，共通固定費の配賦分を控除して算定される営業利益で判断すべきではない。共通固定費は，個別製品の生産継続・中止にかかわらず発生する原価要素であり，各製品の収益性は，限界利益または限界利益から個別固定費を控除した貢献利益で判断すべきである。このケースでは，製品ごとに個別固定費が発生しているため，貢献利益が各製品の収益性の判断基準となる。

　製品Aの貢献利益は1,000万円であり，仮に製品Aの生産・販売を中止してしまうと，会社全体で営業利益が1,000万円減少することになる。したがって，製品Aの生産・販売を中止すべきではない。」

　こうした検討により，CH工業では，次期において，3つの製品とも生産・販売することが利益の最大化になることがわかった。今後は，長期的な視点から，新製品の開発や設備の取替に関する検討を継続的に行っていくことに

した。

また，販売部門での再検討の結果，製品Bについては競合会社が同種製品の販売を中止したことにより，個別固定費（製品Bのための販売員の給料など）をさらに1,500万円かければ，売上高が4,000万円増加するという試算結果が示された。しかしながらこの場合，以下の損益計算書からもわかるように，売上高が1.2倍になると限界利益は1,200万円増加するものの，貢献利益が300万円減少（会社全体の利益も300万円減少）することになるため，この案を採用しないことにした。

製品Bの損益計算書　　（単位：万円）

	販売量を増加 させた場合	当初の予測 どおりの場合
売　　上　　高	24,000	20,000
変 動 売 上 原 価	14,400[1]	12,000
変動製造マージン	9,600	8,000
変 動 販 売 費	2,400[2]	2,000
限　界　利　益	7,200	6,000
個 別 固 定 費	4,000	2,500
貢　献　利　益	3,200	3,500

1）と2）　売上高が1.2倍（＝2,400,000円÷2,000,000円）になると，変動売上原価と変動販売費も1.2倍になる。

練習問題

問　HK工業は，A，B2種類の製品を生産・販売している。以下の資料に基づき，最適セールス・ミックスとそのときの営業利益を計算しなさい。

〈資料〉

1．販売価格と原価に関するデータ

	製品A	製品B
単位当たり販売価格	400円	450円
単位当たり変動費	250円	270円
固定費（年間）	350,000円	

2．年間の最大販売（需要）数量に関するデータ

製品A	製品B
2,500個	3,000個

3．各製品1個当たりの機械運転時間と年間最大運転時間に関するデータ

	製品A	製品B	最大運転時間
X機械	2時間	1時間	7,000時間
Y機械	2時間	3時間	12,000時間

〈参考文献〉

櫻井通晴（2009）『管理会計 第四版』同文舘出版。

宮本寛爾，小菅正伸編著（2006）『管理会計概論』中央経済社。

山田庫平，吉村　聡編著（2006）『経営管理会計の基礎』東京経済情報出版。

第 9 章

戦略的意思決定のための の会計
— 設備投資などの意思決定 —

本章のポイント

- 戦略的意思決定の意義とは何か
- 設備投資に関する意思決定の特徴を学ぶ
- 設備投資の経済性計算を理解する

CH工業は設備投資を行うべきか？

　CH工業では，その後も既存3製品の生産・販売を継続していたが，その間，経営環境の変化に対応し，ライバル会社との競争に勝ち抜くための戦略が検討されていた。

　そんな折，製品Aの大口取引先であるIC物産より，製品Aの類似品（製品A1）に関する注文が入った。この製品は，IC物産が中心となり海外で行っているプラント事業に関連し必要となるものであり，その事業の関係で向こう5年間は，安定的な受注が期待できるものである。

　製品A1の生産については，製品Aの類似品ということもあり，製品Aの生産ラインでおおむね対応ができるものの，特殊加工のための機械を1台だけ導入する必要があることがわかった。この機械は汎用性がなく，リースで対応できるものではないため，工作機械メーカーに発注し，購入する必要がある。

　関連部門が行った見積りにより，以下のことが判明した。

●購買部門

　「機械の取得原価は1億円である。」

●販売部門

　「製品A1の売上は毎年5,000万円であり，5年間安定的に続く。」

●製造部門

　「製品A1の生産のために追加的に発生する現金支出原価は，売上高5,000万円を前提とした場合，毎年2,000万円である。」

　これを確認した社長は，「1億円の投資で毎年3,000万円（＝5,000万円－2,000万円），5年間で1億5,000万円が入ってくるなら，投資すべきである。」との考えを示したが，それに対し経理部門より，次のような意見が出された。

　「設備投資を考える場合には，設備の減価償却費や税金なども考慮に入れる

必要がある。また，毎年同じ金額が入ってくるとしても，1年後の3,000万円と5年後の3,000万円では価値が違うはずである。各部門のデータを踏まえ，さらに慎重に計算し，結論を出すべきである。」

さて，CH工業では，IC物産からの注文を受け，設備投資を行い，製品A1の生産・販売をすべきであろうか。

1 戦略的意思決定とは

戦略的意思決定（strategic decision）は，業務的意思決定とは異なり，経営の基本構造に関する意思決定である。その具体例として，次のようなものがあげられる。

① 設備投資に関する意思決定

② 経営立地に関する意思決定

③ 組織構造に関する意思決定

戦略的意思決定は，その効果が長期にわたるものであり，一度決定されてしまうと，それを変更・修正することが不可能であるか，きわめて困難である。意思決定の効果が長期にわたるという点から，計算においては貨幣の時間価値を考慮することが合理的である。

以下では，戦略的意思決定の代表例である設備投資を取り上げ，その特徴や評価（経済性計算）を説明する。

2 設備投資に関する意思決定のための基礎概念

(1) キャッシュ・フロー

　設備投資とは，固定設備（建物，機械装置など）の新設・取替・拡張・改良などのための資本支出である。設備投資の効果は長期にわたるため，発生主義に基づく期間利益ではなく，設備投資ための現金流出額（キャッシュ・アウトフロー）と設備投資により得られる現金流入額（キャッシュ・インフロー），つまり，現金流出入額（cash flow：キャッシュ・フロー）により評価すべきである。

　このとき，意思決定において利用されるキャッシュ・フローは，一般的に税引後キャッシュ・フローである。これは税金が，企業にとってキャッシュ・アウトフローになるからである。税金の算定のためには，会計上の利益の計算が必要となるが，その計算にはキャッシュ・アウトフローをともなわない減価償却費も費用として含まれている。したがって，税引後キャッシュ・フローは，税金と減価償却費を考慮し，次のように計算される。

　　税引後キャッシュ・フロー
　　　＝税引後営業利益＋減価償却費
　　　＝{収益－（現金支出費用＋減価償却費)}×(1－税率)＋減価償却費
　　　＝税引前営業利益×(1－税率)＋減価償却費

【設例9-1】
　次の資料に基づき，税引後キャッシュ・フローを算定しなさい。
〈資料〉
　1. 収益（現金流入額）：1,000,000円
　2. 費用：現金支出費用　500,000円，減価償却費　200,000円

162

3．税率：40％

[解　答]

税引後キャッシュ・フロー：380,000円

[解　説]

税引後キャッシュ・フロー

= {1,000,000円 − (500,000円 + 200,000円)} × (1 − 0.4) + 200,000円 = 380,000円

なお，この計算は，次のように考えるとわかりやすいであろう。

収益（現金流入額）　　1,000,000円
費用
　現金支出費用　　　　500,000
　減価償却費　　　　　200,000　…①
　　税引前営業利益　　300,000円　　　①＋②＝税引後キャッシュ・フロー
税金（法人税など）　　120,000^{※)}　　　　＝380,000円
　　税引後営業利益　　180,000円…②

※) 300,000円×0.4（税率）

また，税引後キャッシュ・フローは，次の計算式でも算定できる。

税引後キャッシュ・フロー

= (収益−現金支出費用) × (1−税率) + 減価償却費×税率

= (1,000,000円 − 500,000円) × (1 − 0.4) + 200,000円 × 0.4

= 380,000円

(2) 貨幣の時間価値

　設備投資の意思決定において，キャッシュ・アウトフローとインフローが同時に一度だけ生じるのであれば，その評価は簡単である。しかしながら，設備投資はその効果が長期にわたるものであり，通常，キャッシュ・フローは，数年間にわたり発生する。この場合，貨幣の時間価値を考慮することが

合理的である。

　たとえば，10,000円を年利 5 ％（複利）で預金した場合， 1 年後には10,500円（＝10,000円×1.05）， 2 年後には11,025円（＝10,000円×1.05^2）になる。つまり，年利 5 ％で考えた場合，現在の10,000円は 1 年後の10,500円， 2 年後の11,025円と等しいことになる。このように，現在の貨幣価値（現在価値）を将来の貨幣価値（将来価値）に直すための計算を複利計算という。これに対し， 1 年後の10,000円は年利 5 ％で考えた場合，現在の9,524円（≒10,000円÷1.05）に等しいともいえる。このように将来価値を現在価値に直すための計算は，複利計算の逆であり，割引計算といわれる。

　設備投資の意思決定においては，年々のキャッシュ・フローを設備投資の開始時点に統一させる，つまり，割引計算を行うことが一般的である。

　このとき，n年後のF円を年利r%で割り引いた場合，現在価値は次の式で求められる。

$$現在価値＝\frac{F}{(1+r)^n}$$

　設備投資のためには資金（銀行からの借入れ，社債の発行，新株の発行など）が必要であり，そのためには，利息や配当金などのコストがかかる。これが資本コスト（cost of capital）と呼ばれるものであり，少なくともこのコスト分は利益を上げなければならない。資本コストを年利で表したものが資本コスト率であり，設備投資における最低所要利益率を示す。

　なお，割引計算により現在価値を求める場合，現価係数や年金現価係数を利用することが便利である。現価係数は年利r%のときのn年後の 1 円の現在価値を示し，年金現価係数は毎年 1 円ずつ得られる場合のn年後の獲得額の現在価値合計を示すものである。これらは，次の式で算定できる。

$$現価係数＝\frac{1}{(1+r)^n}$$

$$年金現価係数 = \frac{(1+r)^n - 1}{r(1+r)^n} = \frac{1 - (1+r)^{-n}}{r}$$

たとえば，年利5％の1年後の現価係数は0.9524（＝1÷1.05^1）であり，1年後の10,000円の現在価値は9,524円（＝10,000円×0.9524）と計算できる。

3 設備投資の経済性計算

設備投資の経済性計算にはさまざまな方法があるが，(1) 貨幣の時間価値を考慮しない方法と (2) 貨幣の時間価値を考慮する方法に大別される。

図表9-1　設備投資の経済性計算の諸方法

(1) 貨幣の時間価値を考慮しない方法

設備投資の経済性計算においては，貨幣の時間価値を考慮することが上述したように合理的であるが，時間価値を考慮しない方法もある。とくに日本においては，時間価値を考慮しない方法が多くの企業で用いられてきた。

①　単純回収期間法

単純回収期間法は，投資額を回収するために必要な期間を計算し，これの短い方の投資案（あるいは目標とする期間を下回る投資案）を有利と判断す

る方法である。

$$回収期間 = \frac{初期投資額}{年々のキャッシュ・インフロー}$$

単純回収期間法は，収益性をみるものではなく，安全性を重視した方法である。回収期間の短い投資が安全な投資であると考える。

【設例9-2】

GY工業では，生産・販売計画に関する投資案A，Bについて検討中である。それぞれの投資案の初期投資額とキャッシュ・フローは以下の資料に示すとおりである。

この資料に基づき，単純回収期間法により，どちらの投資案が有利か判定しなさい。

〈資料〉

（単位：万円）

投資案	投資額	キャッシュ・フロー			
		1年度	2年度	3年度	4年度
A	−30,000	10,000	10,000	10,000	10,000
B	−25,000	6,000	8,000	12,000	8,000

解 答

投資案Bが有利である。

解 説

各投資案の回収期間は，年々の平均キャッシュ・フローを用い，以下のように求められる。

$$投資案A：\frac{30,000万円}{(10,000万円 + 10,000万円 + 10,000万円 + 10,000万円) \div 4年} = 3.0年$$

166

$$投資案 B：\frac{25,000万円}{(6,000万円＋8,000万円＋12,000万円＋8,000万円)÷4 年} ≒2.94年$$

なお，投資案Bのように年々のキャッシュ・フローの金額が異なる場合には，年々のキャッシュ・フローを累積していき，回収期間を求める方法もある。この方法の場合，投資案Bの回収期間は，次のように算定される。

$$回収期間＝2 年（2 年度末で14,000万円を回収）＋\frac{11,000万円}{12,000万円} ≒2.92年$$

②　単純投資利益率法

単純投資利益率法は，年間平均利益額の投資額に対する比率を計算し，この比率の高い投資案（あるいは目標とする比率を上回る投資案）を有利と判断する方法である。このときの分子の金額は，会計上の利益を用いる場合とキャッシュ・フローを用いる場合がある。また，投資額についても，投資総額で計算する場合と平均投資額（＝投資総額÷2）で計算する場合がある。キャッシュ・フローを用いた投資利益率は，次の式で求められる。

$$投資利益率＝\frac{(年々のキャッシュ・フローの合計額－総投資額)÷投資年数}{総投資額（あるいは平均投資額）}×100$$

この方法は，単純回収期間法とは異なり，投資の収益性を重視した方法である。

【設例9-3】

設例9-2の資料に基づき，キャッシュ・フローを用いた投資利益率を算定し，どちらの投資案が有利か判定しなさい。なお，投資額は総投資額を用いて計算する。

[解　答]

投資案Bが有利である。

各投資案の投資利益率は，次のように計算される。

投資案A： $\dfrac{(10,000万円 + 10,000万円 + 10,000万円 + 10,000万円 - 30,000万円) \div 4}{30,000万円} \fallingdotseq 8.3\%$

投資案B： $\dfrac{(6,000万円 + 8,000万円 + 12,000万円 + 8,000万円 - 25,000万円) \div 4}{25,000万円} \fallingdotseq 9.0\%$

(2) 貨幣の時間価値を考慮する方法

すでに説明したとおり，その効果が長期にわたる設備投資の経済性計算において，貨幣の時間価値を考慮し，投資案の有利・不利を判断することが理論上，合理的である。

① 正味現在価値法

正味現在価値法（net present value method：NPV法）は，投資により得られる年々のキャッシュ・フローを資本コスト率で割り引くことにより算定した現在価値合計額から投資額を差し引くことにより正味現在価値を求め，その大小により投資案の優劣を決める方法である。ただし，正味現在価値が負の値になる場合には，投資を棄却すべきである。

$$正味現在価値 = \frac{CF_1}{(1+r)} + \frac{CF_2}{(1+r)^2} + \cdots + \frac{CF_n}{(1+r)^n} - I_0$$

※　CF_n：n年後のキャッシュ・フロー，I_0：初期投資額

【設例9-4】

設例9-2の資料に基づき，正味現在価値法により，どちらの投資案が有利か判定しなさい。なお，資本コスト率は10%である。年利10%における，現価係数および年金現価係数は，次のとおりである。

	1年	2年	3年	4年	5年
現 価 係 数	0.9091	0.8264	0.7513	0.6830	0.6209
年金現価係数	0.9091	1.7355	2.4869	3.1699	3.7908

解 答

投資案Aが有利である。

解 説

各投資案の正味現在価値は，次のように計算できる。いずれの正味現在価値も正の値であり，投資を行うことが有利であるが，その金額が大きい投資案Aが優先される。

$$投資案A：\frac{10,000万円}{(1+0.1)} + \frac{10,000万円}{(1+0.1)^2} + \frac{10,000万円}{(1+0.1)^3} + \frac{10,000万円}{(1+0.1)^4} - 30,000万円 ≒ 1,699万円$$

$$投資案B：\frac{6,000万円}{(1+0.1)} + \frac{8,000万円}{(1+0.1)^2} + \frac{12,000万円}{(1+0.1)^3} + \frac{8,000万円}{(1+0.1)^4} - 25,000万円 ≒ 1,546万円$$

なお，現価係数や年金現価係数が示されているので，正味現在価値を次のようにも算定できる。

投資案A：10,000万円×3.1699（4年の年金現価係数）−30,000万円＝1,699万円

※　投資案Aは，年々のキャッシュ・フローが同額のため，年金現価係数を利用できる。

投資案B：6,000万円×0.9091＋8,000万円×0.8264＋12,000万円×0.7513＋8,000万円
　　　　　×0.6830−25,000万円＝1,545.4万円

※　投資案Bは，年々のキャッシュ・フローが異なるため，各年度の金額にその年の現価係数を掛け，合計する。

② 収益性指数法

収益性指数法（profitability index method）は，キャッシュ・フローの現在価値合計額を投資額で割ることにより収益性指数を求め，その大小により投資案の優劣を決める方法である。ただし，収益性指数が1より小さい場合には，その投資を棄却すべきである。

この方法は，正味現在価値法とは異なり，効率性を重視した方法である。つまり，上述した正味現在価値法では，正味現在価値の金額の大小で投資案の優劣を決めることになるが，これには初期投資額の大小が考慮されていない。仮に正味現在価値が同額であった場合には，当然，初期投資額の小さい投資案の方が効率がよいことになる。そこで，その効率性をみるために収益性指数法が利用される。

$$収益性指数＝\frac{キャッシュ・フローの現在価値合計額}{初期投資額}$$

【設例9-5】

設例9-2の資料に基づき，収益性指数法により，どちらの投資案が有利か判定しなさい。資本コスト率は10%である。

[解 答]

投資案Bが有利である。

[解 説]

各投資案の収益性指数は，次のように計算できる。

投資案A：31,699万円[1] ÷ 30,000万円 ≒ 1.057

投資案B：26,546万円[2] ÷ 25,000万円 ≒ 1.062

1)と2)　設例9-4で計算した各投資案の現在価値合計額

設例9-4と9-5を比較するとわかるように，正味現在価値法では有利
と判定された投資案Aであるが，初期投資額が大きいため，収益性指数で
は投資案Bを下回る結果となっている。

④　内部利益率法

内部利益率法（internal rate of return method：IRR法）は，キャッシュ・
フローの現在価値合計額と投資額が一致する割引率（これを内部利益率と呼
ぶ）を算定し，これと資本コスト率とを比較することにより，投資の是非を
判断する方法である。このとき，内部利益率が資本コスト率よりも大であれ
ば，その投資を実行することが有利となる。

内部利益率は，次の式を成立させるrの値である。

$$\frac{CF_1}{(1+r)} + \frac{CF_2}{(1+r)^2} + \cdots + \frac{CF_n}{(1+r)^n} - I_0 = 0$$

※　r：内部利益率，CF_n：n年後のキャッシュ・フロー，I_0：初期投資額

内部利益率法では，相互排他的な投資案の正しい順位づけができない，また，
複数の内部利益率が算定されることがある，といった問題点が指摘される。

【設例9-6】

設例9-2の資料に基づき，投資案Aについて，内部利益率法で投資の
是非を判断しなさい。資本コスト率は10%である。

解　答

投資案Aを実行することが有利である。

解　説

投資案Aにおいて，キャッシュ・フローの現在価値合計額と投資額が一致するため
の年金現価係数は3（＝30,000万円÷10,000万円）である。3という年金現価係数は，

n＝4年の場合，年利12％と13％の間の値となる。つまり，投資案Aの内部利益率は，資本コスト率10％より大となるため，この投資案を実行することが有利となる。

このケースにおいて，さらに正確な内部利益率を算定するためには，補間法が用いられる。補間法では，2つの割引率（この場合，12％と13％）の間では，年金現価係数が直線的に推移するという仮定で割引率が求められる。これにより割引率を求めると，次のとおりである。

$$\text{投資案Aの内部利益率：}12\% + \frac{3.0373 - 3}{3.0373 - 2.9745} ≒ 12.59\%$$

年金現価係数

n ＼ r	9％	10％	11％	12％	13％	14％
4 年	3.2397	3.1699	3.1024	3.0373	2.9745	2.9137

 進んだ学習

● 内部利益率法（年々のキャッシュ・フローが異なる場合）

年々のキャッシュ・フローが同額の場合の内部利益率の算定は，上述したとおりであるが，年々のキャッシュ・フローが異なる場合にはどのように計算すべきであろうか。設例9-2の資料（ただし，資本コスト率は10％）に基づき，投資案Bについて考えてみたい。

まず，目安となる年金現価係数を年々の平均キャッシュ・フローを用い，以下のように算定する。

25,000万円 ÷ 8,500万円[1] ≒ 2.94

1）（6,000万円＋8,000万円＋12,000万円＋8,000万円）÷ 4

2.94という年金現価係数は，n＝4年の場合，年利13％と14％の間の値となるが，このケースでは，必ずしもこの間に内部利益率があるとは

限らない。同じ金額であれば，年数が進むほど現在価値は小さくなる。つまり，年々のキャッシュ・フローが比較的遅い時期に多く生じるほど，内部利益率は小さくなる。投資案Bでは，投資期間の後半において比較的多額のキャッシュ・フローが発生している。そこで，13％より小さい12％も加え，各割引率における投資案Bの正味現在価値を計算すると，次のようになる。

12％：25,360万円$^{2)}$　−25,000万円＝　360万円

13％：24,798万円　−25,000万円＝　−202万円

14％：24,255万円　−25,000万円＝　−745万円

2）6,000万円÷1.12＋8,000万円÷1.12^2＋12,000万円÷1.12^3＋8,000万円÷1.12^4

　この計算結果から，投資案Bの内部利益率は12％と13％の間（Excelによる計算では約12.64％）にあるとわかる。これは資本コスト率10％より大であるため，投資案Bも実行することが有利である。

4　CH工業の意思決定

　CH工業では，製品A1の生産に関連した設備投資について検討を重ねた結果，次の資料が得られた。

〈資料〉

1．機械の取得原価：1億円（期首に導入）

　　　　　　耐用年数5年，残存価額はゼロ

　　　　　　減価償却法は定額法，5年度末には廃棄（売却価値ゼロ）

2．この投資により，今後5年間にわたり毎年売上が5,000万円得られるものの，そのための現金支出が毎年2,000万円かかると予測される。

3．資本コスト率：10％

4．税　　　率：40％（向こう5年間，企業としては黒字予想である。）

5．現価係数および年金現価係数（資本コスト率10％）

	1年	2年	3年	4年	5年
現 価 係 数	0.9091	0.8264	0.7513	0.6830	0.6209
年金現価係数	0.9091	1.7355	2.4869	3.1699	3.7908

　この資料に基づき，CH工業では，まず正味現在価値法により設備投資の経済性計算を行うことにした。

　そこで，年々の税引後キャッシュ・フロー（以下，税引後CF）を計算すれば，次のとおりである。

　　税引後CF＝（5,000万円－2,000万円）×（1－0.4）＋2,000万円※）×0.4

　　　　　　　＝2,600万円

　　※）10,000万円÷5年＝2,000万円（1年間の減価償却費）

　この数値を用い，正味現在価値を計算したものが**図表9-2**である。その結果，正味現在価値はマイナスであり，設備投資を行うことが合理的でないとの判断ができる。ただし，その金額はわずかであり，別の方法による経済性計算も行い，最終的な意思決定を行うことにした。

図表9-2　正味現在価値の計算

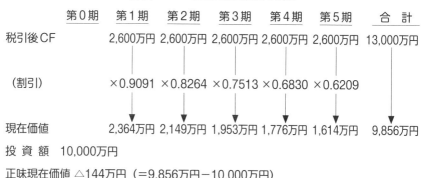

	第0期	第1期	第2期	第3期	第4期	第5期	合　計
税引後CF		2,600万円	2,600万円	2,600万円	2,600万円	2,600万円	13,000万円
（割引）		×0.9091	×0.8264	×0.7513	×0.6830	×0.6209	
現在価値		2,364万円	2,149万円	1,953万円	1,776万円	1,614万円	9,856万円

投 資 額　10,000万円

正味現在価値 △144万円（＝9,856万円－10,000万円）

　なお，現在価値合計額は，年金現価係数を用い，次のように計算すること
もできる。

　　現在価値合計額＝2,600万円×3.7908≒9,856万円

練習問題

　問　上述したCH工業の資料に基づき，①単純回収期間法で計算した場合
　　の回収期間，②単純投資利益率，③収益性指数および④内部利益率を算
　　定しなさい。

〈参考文献〉

加登　豊（2008）『インサイト管理会計』中央経済社。

小林啓孝，伊藤嘉博，清水　孝，長谷川惠一（2009）『スタンダード管理会計』東洋
　経済新報社。

﨑　章浩編著（2006）『管理会計』学文社。

櫻井通晴（2009）『管理会計 第四版』同文舘出版。

宮本寛爾，小菅正伸編著（2006）『管理会計概論』中央経済社。

ターム　　**加重平均資本コスト**

　資本コストは，資金の源泉別の個別資本コストと加重平均資本コスト（weighted
average cost of capital：WACC）に区別できる。設備投資の経済計算において
一般的に利用されるのは，加重平均資本コストである。これは，借入金の利息，
社債の利息，株式の配当金および留保利益の機会原価などの加重平均として算定
される。

〈**参考**〉　現価係数表と年金現価係数表

現価係数表

n＼r	1 %	2 %	3 %	4 %	5 %	6 %	7 %	8 %	9 %	10%
1	0.9901	0.9804	0.9709	0.9615	0.9524	0.9434	0.9346	0.9259	0.9174	0.9091
2	0.9803	0.9612	0.9426	0.9246	0.9070	0.8900	0.8734	0.8573	0.8417	0.8264
3	0.9706	0.9423	0.9151	0.8890	0.8638	0.8396	0.8163	0.7938	0.7722	0.7513
4	0.9610	0.9238	0.8885	0.8548	0.8227	0.7921	0.7629	0.7350	0.7084	0.6830
5	0.9515	0.9057	0.8626	0.8219	0.7835	0.7473	0.7130	0.6806	0.6499	0.6209
6	0.9420	0.8880	0.8375	0.7903	0.7462	0.7050	0.6663	0.6302	0.5963	0.5645
7	0.9327	0.8706	0.8131	0.7599	0.7107	0.6651	0.6227	0.5835	0.5470	0.5132
8	0.9235	0.8535	0.7894	0.7307	0.6768	0.6274	0.5820	0.5403	0.5019	0.4665
9	0.9143	0.8368	0.7664	0.7026	0.6446	0.5919	0.5439	0.5002	0.4604	0.4241
10	0.9053	0.8203	0.7441	0.6756	0.6139	0.5584	0.5083	0.4632	0.4224	0.3855

n＼r	11%	12%	13%	14%	15%	16%	17%	18%	19%	20%
1	0.9009	0.8929	0.8850	0.8772	0.8696	0.8621	0.8547	0.8475	0.8403	0.8333
2	0.8116	0.7972	0.7831	0.7695	0.7561	0.7432	0.7305	0.7182	0.7062	0.6944
3	0.7312	0.7118	0.6931	0.6750	0.6575	0.6407	0.6244	0.6086	0.5934	0.5787
4	0.6587	0.6355	0.6133	0.5921	0.5718	0.5523	0.5337	0.5158	0.4987	0.4823
5	0.5935	0.5674	0.5428	0.5194	0.4972	0.4761	0.4561	0.4371	0.4190	0.4019
6	0.5346	0.5066	0.4803	0.4556	0.4323	0.4104	0.3898	0.3704	0.3521	0.3349
7	0.4817	0.4523	0.4251	0.3996	0.3759	0.3538	0.3332	0.3139	0.2959	0.2791
8	0.4339	0.4039	0.3762	0.3506	0.3269	0.3050	0.2848	0.2660	0.2487	0.2326
9	0.3909	0.3606	0.3329	0.3075	0.2843	0.2630	0.2434	0.2255	0.2090	0.1938
10	0.3522	0.3220	0.2946	0.2697	0.2472	0.2267	0.2080	0.1911	0.1756	0.1615

年金現価係数表

n\r	1 %	2 %	3 %	4 %	5 %	6 %	7 %	8 %	9 %	10%
1	0.9901	0.9804	0.9709	0.9615	0.9524	0.9434	0.9346	0.9259	0.9174	0.9091
2	1.9704	1.9416	1.9135	1.8861	1.8594	1.8334	1.8080	1.7833	1.7591	1.7355
3	2.9410	2.8839	2.8286	2.7751	2.7232	2.6730	2.6243	2.5771	2.5313	2.4869
4	3.9020	3.8077	3.7171	3.6299	3.5460	3.4651	3.3872	3.3121	3.2397	3.1699
5	4.8534	4.7135	4.5797	4.4518	4.3295	4.2124	4.1002	3.9927	3.8897	3.7908
6	5.7955	5.6014	5.4172	5.2421	5.0757	4.9173	4.7665	4.6229	4.4859	4.3553
7	6.7282	6.4720	6.2303	6.0021	5.7864	5.5824	5.3893	5.2064	5.0330	4.8684
8	7.6517	7.3255	7.0197	6.7327	6.4632	6.2098	5.9713	5.7466	5.5348	5.3349
9	8.5660	8.1622	7.7861	7.4353	7.1078	6.8017	6.5152	6.2469	5.9952	5.7590
10	9.4713	8.9826	8.5302	8.1109	7.7217	7.3601	7.0236	6.7101	6.4177	6.1446

n\r	11%	12%	13%	14%	15%	16%	17%	18%	19%	20%
1	0.9009	0.8929	0.8850	0.8772	0.8696	0.8621	0.8547	0.8475	0.8403	0.8333
2	1.7125	1.6901	1.6681	1.6467	1.6257	1.6052	1.5852	1.5656	1.5465	1.5278
3	2.4437	2.4018	2.3612	2.3216	2.2832	2.2459	2.2096	2.1743	2.1399	2.1065
4	3.1024	3.0373	2.9745	2.9137	2.8550	2.7982	2.7432	2.6901	2.6386	2.5887
5	3.6959	3.6048	3.5172	3.4331	3.3522	3.2743	3.1993	3.1272	3.0576	2.9906
6	4.2305	4.1114	3.9975	3.8887	3.7845	3.6847	3.5892	3.4976	3.4098	3.3255
7	4.7122	4.5638	4.4226	4.2883	4.1604	4.0386	3.9224	3.8115	3.7057	3.6046
8	5.1461	4.9676	4.7988	4.6389	4.4873	4.3436	4.2072	4.0776	3.9544	3.8372
9	5.5370	5.3282	5.1317	4.9464	4.7716	4.6065	4.4506	4.3030	4.1633	4.0310
10	5.8892	5.6502	5.4262	5.2161	5.0188	4.8332	4.6586	4.4941	4.3389	4.1925

第 **10** 章

管理会計における戦略の重視と新手法の展開

― 新しい管理会計の体系を理解しよう ―

本章のポイント

- なぜ管理会計の体系に変化が生じたのか
- 20世紀は大量生産の世紀であり，現在は多品種少量生産の時代である
- 戦略が重視されてきた背景は何か
- 多品種少量生産方式はいかに管理会計の体系を変えたのか

TH電機の社長の当惑

　TH電機は，２種類の製品を大量生産しているメーカーである。

　２種類に絞った製品構成と大量生産によって安価な製品価格設定が可能になったので，低価格を志向する顧客層からは絶大な人気があり，この規模の企業としてはかなりの売上高を上げていた。

　当社の社長は経理部の出身ということもあり，就任以来，会計制度の整備にはかなり注力してきた。ERP（Enterprise Resources Planning）の導入は，四半期決算の迅速化，原価情報の精緻化を可能にした。加えて，全社的な予算管理を行っている。

　近年，安いだけでは顧客を魅了することができず，売上高がさほど伸びなくなり，打開策として製品の多品種化に踏み切った。主力製品Aはこれまでどおり１つのラインで大量生産を行い，その他の製品はもう１つのラインで多品種生産を導入した。幸い，現在所有するの機械で対応可能であったが，多品種の製品を製造するためには，全種類の製品を一度に製造することができず，それぞれの製品を少量ずつ生産しては，他の製品の製造に切り替えるというように，少品種大量生産から多品種少量生産へのシフトが求められた。

　この頃，社長が「何かおかしい」と漏らすようになった。社長によれば，売れたのに利益が出なかったり，売れなかったのに利益が出たり，これまでの利益や売上高の感覚とは違ってきているというのである。原価計算システムの構築には万全を期して来たはずであり，事実，精緻な原価データが入手できていた。原価データをもとにした社長の経営判断は的確であった。もしかすると，原価がうまく計算できていないのかもしれないと思っている。社長はかなり悩んでおり，経理部時代の部下であった私たちに相談してきた。

　これはどこに原因があるのだろうか。打開するためには，どうしたらいいのだろうか。さらに新しい会計システムの構築が求められているのだろうか。

1 管理会計の体系の変化

　第1章では，管理会計の体系を**図表1-3**と**図表1-4**で示した。これは管理会計の歴史的な変遷（生成期，成長期，確立期，展開期）を重視した区分であり，これを伝統的，現代的に分けた体系で図示した。しかしながら，**図表1-4**における戦略の位置づけについては，簡略な説明となっていたので，本章ではこれをもう少し掘り下げて説明し，後の章につなげたい。

　これまで各章を通じて，伝統的管理会計の各手法を説明してきた。管理会計は，原価計算を母体に，計画と統制の手法として誕生した。その後，計画は個別計画と期間計画に区分された。個別計画は設備投資などの非定型的な計画，期間計画は予算編成などの定型的な計画であり，さらに期間計画は統制と結びつけられた。前者の非定型的な計画のための会計は意思決定会計，後者の期間計画とそれにともなう統制のための会計は業績管理会計と呼称され，管理会計の体系が形成された。これが，第1章で説明した伝統的管理会計の体系である。

　やがて，1990年代以降，企業間競争の激化，グローバル化，社会経済環境の激変にともなって，戦略との関連性が強調されるようになると，新しい枠組みで管理会計を捉えるようになった。この結果，近年の管理会計の体系は，従来の枠組みから大きく変貌し，戦略との関連で戦略会計が組み込まれることになった。これが，第1章で説明した戦略を含む現代的管理会計の体系である。

　しかしながら実際には，管理会計の体系は文献の展開でみていくと，もっと複雑な体系で論じられてきている（櫻井（2014），pp.9-34）[1]。

　管理会計の文献の始まりは，マッキンゼー（James O. McKinsey）が1924年に著した*Managerial Accounting*であり，管理会計の体系は，領域と手法とが組み合わされて説明されていた（以下同稿，p.10）。

　次に，管理会計の体系は，アメリカ会計学会（AAA）が1955年に発行し

1）本章の管理会計の体系論は，櫻井（2014）pp.9-34を参考とした。

た報告書「経営目的のための報告書の基礎をなす原価概念試案」において，計画（個別計画と期間計画）と統制からなるとされた（pp.10-11）。

また，管理会計の体系は，バイヤー（Beyer, Robert）が1963年に著した *Profitability Accounting for Planning and Control* においては意思決定会計と業績管理会計に区分された（pp.14-15）。

さらに，管理会計の体系は，アンソニー（Robert N. Anthony）が1965年に著した *Planning and Control Systems* において，戦略的計画，マネジメント・コントロール，オペレーショナル・コントロールに区分された（pp.14-15）。

加えて，管理会計の体系は，アンソニーらが1992年に著した *Management Control Systems*（7th ed.）において，戦略の策定という新たな概念が加えられた（pp.17-19）。

近年では，管理会計の体系は，マルミ（Malmi, Teemu）とブラウン（David A. Brown）が2008年に著した論文，Management Control Systems as a Package において，文化によるコントロールなどの非財務情報を含めたマネジメント・コントロール・システム（management control system：MCS）をパッケージとしてもつべきだとされた（pp.19-24）。

2 物語の始まり

なぜ，管理会計の体系は，このように目まぐるしく変化してきたのであろうか。第1章で伝統的と述べた体系は，主に1960年代に形成されたものであり，その後，戦略を重視して，この体系は大きく変化することになった。この物語の始まりは，1980年代後半である。

経営者はこれまでの手法で管理を行ってきたが，何かうまく機能しないことに気づき始めていた。そんな折，第1章でも述べたとおり，ジョンソンとキャプランは，1987年に『レレバンス・ロスト』においてこの点を指摘し，

図表10-1　生産方式の進展

- 少品種大量生産型オートメーション
　　生産工程自動化システム
- 多品種少量生産型オートメーション
　　コンピュータ支援製造システム（computer aided manufacturing―CAM）
　　弾力的生産システム（flexible manufacturing system―FMS）

　これを解決する手法として，ABCを提案した。この著書は，「適合性の喪失」というショッキングな見出しで，管理会計の新たな道筋を切り開くことになった。

　これまでの管理会計が実務への適合性を喪失したのは，生産方式が大量生産から多品種少量生産へシフトしたことが主たる原因としてあげられる（**図表10-1**）。加えて，コンピュータシステムのパーソナル化もこの一因である。19世紀後半から20世紀の繁栄を支えてきた大量生産システムに，21世紀を目前にして大きな翳りが見え始めた。すなわち，2000年前後に，消費者の細かなニーズに対応するために，コンピュータ支援製造システムや弾力的生産システムが導入され，生産環境が一転した。これまでの大量消費を見込んで安い製品を製造する大量生産方式から，顧客の好みに合わせた多様な製品を売れる分だけ少量に製造する多品種少量生産方式がとられるようになった。したがって，生産方式が変化したにもかかわらず，従来の管理方式が用いられれば，そこに不都合が生じるのは当然の帰結であった。

3 大量生産を前提とした管理

　20世紀は大量生産の世紀といわれる。ジョン・ケイの飛び杼の発明をきっかけとして19世紀後半にイギリスで起こった産業革命によって生み出された

大量生産は，製品単位原価の劇的な低下を実現した。同種の製品を大量に生産することで，単位当たり原価が低減する。

　たとえば，焼きそばの材料費は100円／食，鉄板などの調理器具はレンタルで1日5,000円とすると，生産数量によって単価は著しく変化する。これは，以下のように説明できる。

　　1食　　（100円／食×　　1食＋5,000円）÷　　1食＝5,100円／食

　　10食　（100円／食×　10食＋5,000円）÷　10食＝　600円／食

　　100食（100円／食×100食＋5,000円）÷100食＝　150円／食

　大量生産は1製品を大量に生産することで，単位当たり原価の引き下げを目的とするので，規模の拡大のもとで，管理は大量に作るための生産の効率化に向けられ，最適を保つ最大生産量を達成し，原価最小化を実現していく。これが規模の経済である。とりわけ，規模の経済を発現させるためには，現在所有する設備で規模の不経済が生じない限度内で，いかに最大量を生産するかに管理の中心が向けられる。これは生産中心主義という考え方であり，管理の焦点は企業内部，とりわけ生産工程に向けられる。

4 伝統的管理会計の体系

　管理会計の体系は，経営環境に対応する経営者のニーズによって形成された（第1章）。大量生産を前提とした管理に対応した結果として形成されたのが，伝統的管理会計の体系である。大量生産下では，規模の経済を管理対象とする。

　大量生産といっても，労働集約的な大量生産と資本集約的な大量生産の2種類がある。

　労働集約的な大量生産（労働力に対する依存度が高く，労務費比率が高い）は，大量生産機械の導入のみならず，多くの労働者を必要とする。そこで，

直接労務費の管理は重要であり，目標となる原価に実際原価が一致するように管理する。安い製品を作るために，目標を立て，それを実行し，とにかく大量の製品を製造する。そうすれば，規模の経済が働き，製品単価は格段に安くなる。このときの利益に対するアプローチは，売上高－原価＝利益であり，利益は結果である。主たる管理対象は直接労務費，管理手法は主に標準原価計算であり，利益を出すためには目標を設定して，原価を徹底的に削減する。

他方，資本集約的な大量生産（施設設備に対する依存度が高く，経費・製造間接費比率が高い）は，コンピュータで制御する巨大大量生産機械の導入により労働力に依存しない生産が可能になる。そこで，機械が発生する多額の製造間接費を適正に処理しなければならない。安い製品を作るために，所有する設備を有効に稼働して，目標とする利益獲得を目指し，原価を考える。このときの利益に対するアプローチは，利益＝売上高－原価であり，利益は前提である。主たる管理対象は製造間接費の管理（変動費と固定費に分けて），管理手法は，CVP分析，直接原価計算であり，利益を出すための売上高，それを達成するために許容される原価を予算内にとどめるために，原価を最大限に有効利用する。

このように，大量生産を前提として展開した伝統的管理会計では，とにかく大量に作ることによって，徹底的に原価を削減する管理と利益を達成するために原価を許容内に収める管理が行われる。

さらに，大量生産は工場設備への多額の投資を必要とする。そこで，設備投資計画を行う必要性が生じた。設備はいったん投資してしまうと，その後の変更が容易ではないので，事前に綿密な投資計画が必要となる。この計画は長期にわたるため，キャッシュ・フローが用いられ，考えられる投資案のうち，最も有利な案が選択される。このとき，代替案は貨幣の時間価値で評価されることもある。これが戦略的意思決定である。また，意思決定には日常業務における定型的に生じる意思決定もあり，こちらは自製か購入か，受

注を受けるか断るかなどの決定である。これが業務的意思決定である。いずれも差額原価収益分析によって，最も有利な案が選択される。

以上のことから，管理会計の手法は，以下のとおりである。

業績管理のために

標準原価計算　→　製造現場の原価管理

CVP分析　　　→　利益から原価管理

直接原価計算　→　売上高と利益から原価管理

予算管理　　　→　収益，費用，利益からの原価管理

意思決定のために

差額原価収益分析　→　意思決定（設備投資や業務執行）のための情報の収集

このように，伝統的管理会計の体系は，業績管理会計と意思決定会計から形成されるようになった。

5 多品種少量生産を前提とした管理

20世紀が大量生産の世紀と称されるならば，現在は多品種少量生産の時代といえよう。

市場にあふれる同種製品の存在や周期的にやってくる不況は消費者意識を高揚させ，消費者は安いだけではなく，好みの，しかも機能の高い差別化された製品を求めるようになった。加えて，環境保全を強く意識するようになった。そこで，市場調査の結果を踏まえて，顧客が求める製品を必要な時に必要なだけを市場に投入するために，多品種少量生産が行われるようになった。多品種少量生産は顧客の要求に従って，製品を少量ずつ製造する生産方法であり，顧客満足度の向上により利益最大化を図る。

たとえば，これまでうどんのみを提供していた店があったとする。しかし，

このところ客足が目にみえて落ちてきたので、新たなビジネスモデルを考案しなければならなくなった。そこで、そばと幅広い年代層に人気のある親子丼も加えることにした。これにより、客層が広がり、そばや親子丼を目当てに来店する客が増え、あわせてうどんの売上も上がると考えた。こうした方策によれば、うどんとそば、親子丼のシナジー効果が生まれ、うどんだけではなく、そば、親子丼を目当てに来店する客が増え、客層が広がり、全体の売上も上がるであろう。

　多品種少量生産の狙いは、多数の異なる製品を組み合わせて製造することで、顧客のニーズに応え、タイムリーに提供することでシナジー効果を機能させ、最大利益を引き出すことである。これが範囲の経済である。とりわけ、範囲の経済を効果的に働かせるためには、市場の要求を前提として、現有および未利用資源の有効活用が管理の中心になる。これが顧客中心主義という考え方であり、管理の焦点は企業外部、とりわけ顧客、ひいては市場へ向けられる。

6 現代的管理会計の体系

　しかし、1製品を大量に作るより複数製品を少量ずつ作る方が、手間がかかるようになる。したがって、範囲の経済を効果的に働かせるためには、組み合わせによる不経済を排除していかなければならない。すなわち、上記の例ではそば、親子丼を投入するにあたって、製造原価を低くするために、以下の工夫をしなければならない。

- ・手順に共通性をもたせ、全体的な作業効率を上げる。
- ・親子丼のつゆは、そば、うどんつゆを使う（追加の手間を極力排除する）。
- ・素材の仕入れ先を1本化する。
- ・来客人数を予想し、仕込みを行う。

上記の各方策によって，作業・販売の効率化がもたらされ，結果，うどん，そば，親子丼を3つの別々の店で単独種類を調理・販売するより，1つの店で複数製品を調理・販売する方が原価を削減できる。

　上記の例では，作業手順の共通化などによる効率化により，原価削減を目指したが，パソコンなどのメーカーはオンデマンド生産により，製品在庫を抱えることによって生じる多額の原価を回避したり，自動車メーカーは生産段階より前に企画段階から原価を計画したりして，生産工程のみならず，全領域の原価削減を実現させている。

　このような特性をもつ多品種少量生産を前提とした管理に対応した結果として形成されたのが，現代的管理会計の体系である。

　多品種少量生産を有効に進めるには，企業内部だけを管理（内部管理）するのではなく，顧客を含めた市場を管理（外部管理）する必要性が生じた。このために，市場競争を有利に進めていく企業の長期的な視点，すなわち戦略が必要になり，これを策定して，実施していくための手法が重視されるようになった。これが戦略重視の管理会計であり，支援原価の管理（製造間接費および営業費）などの増加に対する対処と市場の管理を中心とする。

　従来の方式では，原価を計算・管理する単位は量であったが，これでは少量しか生産しない製品の原価は多くの手間を要するにもかかわらず，比較的安く計算されてしまう。このとき，提唱されたのが活動である。活動は複雑性を反映し，これによれば手間のかかる工程や製品にはより多くの原価が計算されることになり，まさに多品種少量生産に適した基準となる。また，活動をコスト・ドライバー（原価作用因）[2]とした場合，これを管理に用いることができる。

　あわせて，多品種少量生産は顧客のニーズに合わせて作れば作るほど，原価が高くなるので，価値連鎖を考慮し，全体最適が保てるような管理がなされなければ，原価は削減できない。そこで，活動を考慮して，企業活動全般の計画，実施，評価，是正措置のサイクルを構築することになった。

　多品種少量生産を前提として展開した管理手法は範囲の経済を生かすために，活動などの財務・非財務コスト・ドライバーによる管理と全体最適の追求との2方向へと進んだ。

　コスト・ドライバーによる管理は，比較的部分的な観点から企業業務の計画，実施，評価を可能にし，主たる管理対象は活動，管理手法はABC，ABMである。多品種少量生産下における管理は活動に基づいて行うべきであり，活動は原価を発生させる源泉なので，これを管理することによって，経営が効率化できる。

　他方，全体最適の追求は，全体の観点から企業業務の計画や現状の業務の評価を行う。主たる管理対象は生産工程やライフサイクル全体（上流から下流まで），管理手法は原価企画，品質原価計算，ライフサイクル・コスティング，BSCであり，製造業務全領域およびライフサイクルで原価削減を目指す。そのために，価値連鎖を踏まえた上流から下流までの全領域での管理が行われる。

　以上のことから，戦略のための管理会計の手法は，以下のとおりである。

コスト・ドライバーによる管理のために

　　ABC→活動を用いた原価計算

　　ABM→活動を用いたプロセス管理

全体最適の追求のために

　　品質原価計算→品質を通じた原価管理

　　LCCing→製品生涯を通じた原価管理

　　原価企画→源流からの原価管理

　　BSC→コスト・ドライバーを用いた戦略の策定と評価

　この部分が現代的管理会計の体系に不可欠な戦略に対応した部分であり，伝統的管理会計の体系と融合して，戦略の策定と実施，計画設定と意思決定や業績管理から形成されるようになった。さらに，これにマネジメント・コントロールとタスク・コントロールが絡む。

2）コスト・ドライバーは，原価を発生させる財務・非務的要因である。

企業は経営目標を設定し，戦略を立て，計画を立案する。これが計画設定であり，意思決定をともなう。さらに，戦略を実施するために組織上層部の管理者（トップ・マネジメント）が最大限の力を発揮しなければならない。このために，マネジメント・コントロールが必要とされる。マネジメント・コントロールは，トップ・マネジメントが行う戦略の策定と実施，計画設定と意思決定や業績管理を含む横断的な管理であり，組織成員を組織の目的や戦略に向かわせることを目的とする。加えて，現場の管理者は個々のタスクを確実にこなしていかなければならない。このために，タスク・コントロール（オペレーショナル・コントロール）が必要とされる。タスク・コントロールには，標準原価計算，CVP分析，直接原価計算，予算管理が用いられる。

7　現代的管理会計の定義

　このような一連の流れを鑑みると，現代的管理会計は，以下のように定義できる（Blocher et al.（2021），p.3）。

　「経営管理者が組織の目的を遂行するにあたり，戦略の策定と実施，経営意思決定や業績管理に，マネジメント・コントロールとタスク・コントロールに役立つ情報を提供する一連の会計システムである。」

　企業が激しい競争にさらされ，市場動向に対応した多品種少量生産がとられるようになった。しかし，この方式は作れば作るほど，原価が逓増するので，戦略を策定し，それを実施していくことによって市場競争優位を構築していくようになった。その結果，現代的管理会計は，コスト・ドライバーによる管理と全体最適の追求，これによって全体的な管理活動を進めていく各手法を加えている。現代的管理会計は多品種少量生産を出発点として，より広い領域をもつにいたる戦略に役立つ手法として展開した。それが管理会計の体系を大きく変える要因となった。

8　TH電機，社長の当惑の原因

　社長の当惑の原因は，それまでの大量生産方式から多品種少量生産方式に移行したことに端を発する。生産方式が変わったので，管理方式もそれに合わせて変更する必要があった。すなわち，1製品を大量に作るより複数製品を少量ずつ作る方が，手間がかかるようになる。これまでの量を単位とした管理では，手間がかかる製品に対して，原価が過少に計算されてしまう。これにより，明らかに精緻な原価は計算できなくなり，あるべき利益も計算できない。このための対策を練らなければならない。

　顧客志向の製品を多種類，少量で生産する場合に生じる不経済を排除するための管理は大量生産のように量で管理できないので，従来用いていた操業度などの量を基準とした管理方式から，複雑性，すなわち質を反映するような新しい基準を用いた管理方式を必要とする。

　そこで，活動を基準とする多品種少量生産のための新しい管理方式を導入すべきである。まず，管理の単位は複雑性を反映する活動に置く。この観点からは，ABC，ABMの導入が有効である。また，製造工程のみならず，企画，設計，調達，製造，販売，物流，アフターサービス，廃棄のすべてを管理対象として，プロセスの全体最適を実現する。このためには，価値連鎖を考える原価企画，品質原価計算，ライフサイクル・コスティング，BSCの導入が有効であろう。

　現状打開には，生産方式に適応した管理システムの構築が喫緊の課題である。

　以後，11章から15章で，社長の導入すべき新しい管理システムを紹介していく。これらは，生じた問題を打開するための大きなヒントとなるであろう。

問1　なぜ管理会計の体系に変化が生じたのかを説明しなさい。

問2　多品種少量生産方式は，いかに管理会計の体系を変えたのかを論じなさい。

〈参考文献〉

小林啓孝，伊藤嘉博，清水　孝，長谷川惠一（2017）『スタンダード管理会計（第2版）』東洋経済新報社。

清水　孝，庵谷治男（2019）『基礎管理会計』中央経済社。

櫻井通晴（2014）「現代の管理会計にはいかなる体系が用いられるべきか？ —マネジメント・コントロール・システムを中心に—」『専修経営学論集』（99），pp.9-34。

AAA〔American Accounting Association〕（1955）Tentative Statement of Cost Concepts Underlying Reports for Management Purposes.（青木茂男監修・櫻井通晴訳（1981）『A.A.A.原価・管理会計基準—原文・訳文・解説—〔増補版〕』中央経済社，pp.18-29，pp.68-70，pp.115-145）

Anthony, Robert N.（1965）*Planning and Control Systems, A Framework for Analysis*, Harvard University Press.（高橋吉之助訳（1967）『経営管理システムの基礎』ダイヤモンド社）

Anthony, Robert N., John Dearden and Vijay Govindarajan（1992）*Management Control Systems*, 7th ed., Irwin Professional Publishing.

Beyer, Robert（1963）*Profitability Accounting for Planning and Control*, Ronald Press.

Blocher, E. P. Juras and S. Smith（2021）*Cost Management: A Strategic Emphasis*, 9th ed., McGraw-Hill Education.

Johnson, H.T. and R.S. Kaplan（1987）*Relevance lost: the rise and fall of management accounting*, Harvard Business School Press.（鳥居宏史訳（1992）『レレバンス・ロスト—管理会計の盛衰』白桃書房）

Malmi, Teemu and David A. Brown（2008）Management Control Systems as a Package Opportunities, Challenges and Research Directions, *Management Accounting Research*, Vol.19, Issue 4.

McKinsey, James O.（1924）*Managerial Accounting*, Arno Press.

第11章

ABC/ABM
― 正確な製品原価の算定や
継続的な改善のために ―

本章のポイント

- ABCの意義と特徴とは何か
- ABCの計算構造を学ぶ
- ABMの意義と特徴を理解する

IS工業では正確な収益性分析が行われているか？

　IS工業では，2種類の標準製品（A・B）と特殊製品Cを生産・販売している。販売状況は安定しており，月間ベースで製品A10,000個，製品B8,000個および製品C1,000個が生産・販売されている。先月の製品別単位売上総利益は，次のとおりであった。

	製品A	製品B	製品C
売　上　高	1,000円	1,200円	3,000円
売　上　原　価			
製造直接費	300	500	1,000
製造間接費	600	750	900
売　上　総　利　益	100円	△50円	1,100円
売上高総利益率	10.0%	△4.2%	36.7%

　この資料をみるかぎりでは，特殊製品Cの収益性がきわめて高く，製品Bは赤字製品ということになる。これにより社長からは，製品Cの生産・販売の拡大，製品Bの生産・販売の縮小・中止に関する提案がなされたが，これに対して各部門からさまざまな意見が出された。集約すると次のとおりである。

　「当社では，製造間接費（月間12,900,000円）を機械運転時間（製品A：2時間/個，製品B：2.5時間/個，製品C：3時間/個）を基準に一括して配賦しているが，製造間接費のうち，機械関連の費用が特別多いわけではない。たとえば，各製品の原材料の月間発注回数は3製品とも同じであり，購買関連の製造間接費は，本来各製品に均等に配賦されることが適切である。また，機械の段取回数や品質検査の回数についても同様であり，とくに品質検査においては，製品の性質上，特殊製品Cの検査回数が最も多くなっている。こ

うした点を無視し，製造間接費を機械運転時間で一括配賦した製品原価では，正しい収益性の判断ができない。」

　さて，IS工業では，正しい収益性分析のため，どのように製品原価を計算すべきであろうか。

1 ABCとは

　伝統的な原価計算では，直接作業時間や機械運転時間などの操業度を基準に製造間接費を配賦してきた。製造原価に占める製造間接費の割合が比較的小さな場合には，この方法でも製品原価の計算に大きな影響を与えなかった。

　しかしながら経営環境の変化にともない，昨今では製造間接費が増大する傾向にある。たとえば，工場ではFA化，CIM化，さらに企業全体としてはIT（information technology）化が急速に進展しているが，これら設備等にかかるコストの多くは製造間接費である。

　また，消費者ニーズの多様化のなか，顧客満足度を高めるため，企業では少品種大量生産から多品種少量生産へとシフトしている。多品種少量生産は，製造間接費を総額として増大させるだけでなく，原材料の発注コスト，作業の段取コスト，製品の品質検査コストなど，操業度（たとえば機械運転時間）とは無関係に発生する原価をとくに増加させている。このとき，従来の操業度基準による配賦では，段取りや品質検査に手間のかかる少量の特殊製品よりも，比較的大量に生産する量産品に製造間接費が多額に配賦されてしまうため，少量の特殊製品の製造原価が小さく算定され，収益性が高く評価されることになる。

　こうした状況を背景とし，製造間接費の配賦の欠陥を克服するために工夫された原価計算手法が，ABC（activity-based costing：活動基準原価計算）

である。ABCは，伝統的な原価計算とは異なり，活動（activity）という概念を用い，製造間接費を製品に跡づけるための計算手法である。

2 ABCの特徴－伝統的な原価計算との比較

　伝統的な原価計算において製造間接費は，部門個別費と部門共通費とに区分され，部門個別費は各部門に賦課，部門共通費は関連部門に配賦される（第1次集計）。次いで，補助部門に集計された原価（補助部門費）が製造部門に配賦され（第2次集計），最後に，製造部門に集計された原価が操業度を基準に各製品に配賦される（第3次集計）。この流れをまとめれば，**図表11-1**（左）に示すとおりである。このとき，とくに補助部門費は，当該部門での用役（サービス）提供とは無関係に，配賦した先の製造部門の配賦基準で製品に配賦されることになる。

図表11-1　伝統的な原価計算とABCの相違

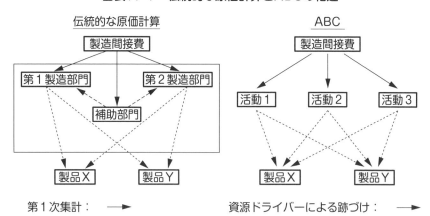

　これに対しABCでは，製造間接費を部門ではなく，資源を消費する活動に集計する（集計される場所をコスト・プールと呼ぶ）。そして，活動ごとに集計された原価は，その活動により生み出される製品に跡づけられる。この流れをまとめれば，**図表11-1**（右）に示すとおりである。

　このとき，製造間接費を活動に跡づけるために利用されるのが資源ドライバー（resource driver）であり，活動から製品に跡づけるために利用されるのが活動ドライバー（activity driver）である。資源ドライバーと活動ドライバーは，総称してコスト・ドライバー（cost driver）とも呼ばれるが，原価を生ぜしめる要因のことである。資源ドライバーと活動ドライバーの例を示せば，**図表11-2**のとおりである。

図表11-2　資源ドライバーと活動ドライバーの例

経済的資源	資源ドライバー	活動	活動ドライバー	原価計算対象
倉庫係賃金 →	作業時間 →	保管活動 →	部品別１日当たり在庫金額×在庫日数 →	各種製品
段取工賃金 →	（直課）→	段取活動 →	段取回数 →	各種製品
電算機費用 →	端末台数 →	設計活動 →	設計時間 →	各種製品
トラックガソリン代 →	（直課）→	配送活動 →	走行距離 →	顧客

出所：岡本清（2000）『原価計算 六訂版』国元書房，p.901。

　このようにABCは，従来，操業度を基準に配賦していた製造間接費を，その配賦による恣意性を極力，排除するため，まずは活動に集計し，そこから活動ドライバーに基づき直接的に製品に跡づける計算手法である。

3 ABCの計算構造

　ここではABCの具体的な計算構造（手続き）を，簡単な数値例を用い，伝統的な原価計算と比較する形で説明する。

【設例11-1】

　当社では，標準製品Xと特殊製品Yを生産・販売している。以下の資料に基づき，伝統的な原価計算とABCにより各製品の単位当たり売上総利益を計算しなさい。なお，伝統的な原価計算では機械運転時間を基準に製造間接費を配賦している。

〈資料〉

1．生産データ

　　製品X　5,000個　　製品Y　1,000個

2．売価・原価データ

　①売価：製品X　1,100円/個　　　製品Y　1,500円/個

　②原価

　　　直接材料費：製品X　2,000,000円　　　製品Y　350,000円

　　　直接労務費：製品X　1,000,000円　　　製品Y　300,000円

　　　製造間接費：

製造間接費		資　源ドライバー	各活動の原価		
費　　　目	金　　　額		機械作業	段　取	技　　　術
設 備 関 連 費	960,000円	機械運転時間	600,000円	0円	360,000円
燃　料　費	750,000円	燃料消費量	500,000円	0円	250,000円
間接工賃金	690,000円	間接作業時間	340,000円	240,000円	110,000円
合　　計	2,400,000円		1,440,000円	240,000円	720,000円

3. 活動ドライバーと各製品の活動量に関するデータ

活　動	活動ドライバー	各製品の活動消費量		
		製品X	製品Y	合　計
機械作業	機械運転時間	10,000時間	2,000時間	12,000時間
段　　取	段取回数	5回	10回	15回
技　　術	製造指図書枚数	3枚	9枚	12枚

解　答

	製品X	製品Y
伝統的な原価計算	100円	450円
ABC	208円	△90円

解　説

　伝統的な原価計算では，機械運転時間により一括して製造間接費を配賦するため，各製品への製造間接費の配賦額は，次のように計算される。

$$製品Xへの配賦額：2,400,000円 \times \frac{10,000時間}{10,000時間 + 2,000時間} = 2,000,000円$$

$$製品Yへの配賦額：2,400,000円 \times \frac{2,000時間}{10,000時間 + 2,000時間} = 400,000円$$

これにより，製品別の売上総利益を計算すれば，次のとおりである。

	製品 X	製品 Y
売　上　高	5,500,000円	1,500,000円
売　上　原　価		
直接材料費	2,000,000	350,000
直接労務費	1,000,000	300,000
製造間接費	2,000,000	400,000
売　上　総　利　益	500,000円	450,000円
単　位　利　益	100円[1]	450円[2]
売上高総利益率	9.1%	30.0%

　1)500,000円÷5,000個　　2)450,000円÷1,000個

　これに対しABCでは，製造間接費をまず活動に集計する。このケースでは，製造間接費のうちたとえば間接工賃金（690,000円）は，間接作業時間を資源ドライバーとして，機械作業活動（340,000円），段取活動（240,000円）および技術活動（110,000円）に跡づけられている。次に各活動に集計された原価は，活動ごとに設定された活動ドライバーにより，製品に跡づけられる。たとえば，段取活動の原価は，段取回数を活動ドライバーとして，次の計算により各製品に跡づけられる。

$$段取活動原価の製品Xへの跡づけ額：240,000円 \times \frac{5回}{5回+10回} = 80,000円$$

$$段取活動原価の製品Yへの跡づけ額：240,000円 \times \frac{10回}{5回+10回} = 160,000円$$

　他の活動の原価についても同様に計算すると，製造間接費は各製品に次のように跡づけられる。

	製品X	製品Y
製造間接費		
機械作業活動	1,200,000円	240,000円
段取活動	80,000	160,000
技術活動	180,000	540,000
合計	1,460,000円	940,000円

これにより，製品別の売上総利益を計算すれば，次のとおりである。

	製品X	製品Y
売上高	5,500,000円	1,500,000円
売上原価		
直接材料費	2,000,000	350,000
直接労務費	1,000,000	300,000
製造間接費	1,460,000	940,000
売上総利益	1,040,000円	△90,000円
単位利益	208円[1]	△90円[2]
売上高総利益率	18.9%	△6.0%

1) 1,040,000円÷5,000個　　2) △90,000円÷1,000個

　この計算結果からわかるように，伝統的な原価計算では製品Yの収益性が高く算定されるが，ABCでは逆に，製品Xの収益性が高く，多額の製造間接費が跡づけられる製品Yは売上総利益がマイナスということになる。

　なお，伝統的原価計算とABCによる製造間接費の計算の流れを図示すれば，**図表11-3**，**11-4**のとおりである。

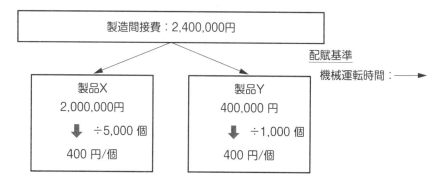

図表11-3　伝統的な原価計算による製造間接費の計算の流れ

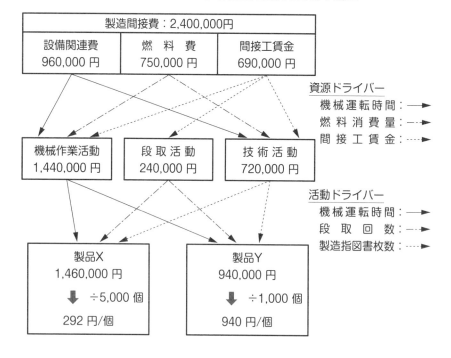

図表11-4　ABCによる製造間接費の計算の流れ

4 ABMの意義と特徴

　上述したようにABCは，製造間接費の配賦方法を改善することにより，正確な製品原価を算定することを目的に誕生し，発展した。しかしながら，1990年代以降になると，ABCを行う過程で把握される情報が，企業の継続的な改善のために利用されるようになってきた。これがABM（activity-based management：活動基準管理あるいは活動基準原価管理）である。

　ABCとABMの関係については，いくつか見解があるが，**図表11-5** に示すとおり，ABCが製品原価算定を目的としたコスト割当の視点に立っているのに対し，ABMは継続的な改善を目的としたプロセスの視点に立っているといえる。

　このようにABMは，製品やサービスの価値を高めるため，つまり顧客価値を高めるために，ABCの情報を活用して行われるコスト・マネジメントの手法である。

図表11−5　ABCとABMの関係

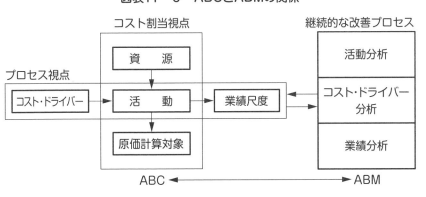

出所：N.Raffish and P.B.B.Turney(eds.)(1992) "Glossary of Activity-Based Management," *journal of Cost Management*,Vol5,No.3 Fall, p.54

ABMでは，**図表11-5**に示されているように，①活動分析，②コスト・ドライバー分析および③業績分析が行われる。

①　活動分析

活動分析では，企業内で行われている活動を分析し，それが付加価値活動であるか非付加価値活動であるかを識別する。このとき，付加価値と非付加価値の識別の基準は，顧客にとって価値を生み出すか否かということである。すなわち，付加価値活動とは，顧客に価値をもたらす活動であり，製造活動においては加工時間などがこの例である。他方，非付加価値活動とは，顧客に価値をもたらさない活動であり，移動時間，待機時間および検査時間などがこの例である。

付加価値と非付加価値の識別では，ベンチマーキング（benchmarking）を実施することが有効である。ベンチマーキングとは，他社で行われている最良の活動方法（ベスト・プラクティス）と自社の方法とを比較することであり，これにより，自社の業務プロセスの改善点などを見つけ出すことができる。

また活動分析では，個々の活動の分析だけでなく，活動に重複がないかなど，活動間のつながりについての分析も行う。

②　コスト・ドライバー分析

コスト・ドライバー分析では，活動分析により抽出された非付加価値活動，あるいは付加価値活動ではあるがその効率が低い活動について，その要因（コスト・ドライバー）を明確にする。つまり，非付加価値活動などを識別するだけでは意味がなく，非付加価値活動（長い待機時間など）がなぜ生じているのかを分析してこそ，その対応策が打ち出せるのである。

活動分析とコスト・ドライバー分析の関係は，**図表11-6**のように示すことができる。

図表11-6 活動分析とコスト・ドライバー分析

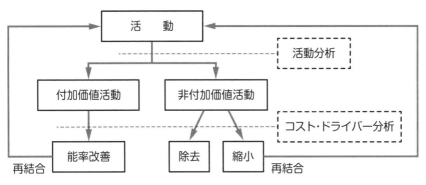

出所：岡本（2000）『原価計算』国元書房，p.913。

③ 業績分析

業績分析では，まず分析の対象となる活動を明確にし，それを従業員に伝達したうえで，対象とする活動の業績尺度を開発する。

こうしたステップを踏むことにより，次のような方策で活動を管理し，原価低減が図れることになる（Turney（1992），pp.24-25）。

1) 活動に必要とされる無駄な時間と努力の削減
2) 不必要な活動の削除
3) 低コストの活動の選択
4) 可能なかぎりの活動の重複の排除，共有化
5) 未利用資源の再配置や削除

5 IS工業の意思決定

IS工業では，製品の正確な原価を算定し，正しい収益性分析を行うため，製造間接費の配賦方法について，従来からの操業度基準に替え，ABCを導

入することにした。

　まず，製造間接費を跡づける活動を，購買活動，段取活動，機械関連活動および品質検査活動の4つに区分し，それぞれの資源ドライバーにより原価を次のように割り当てた。

製造間接費	購買活動	段取活動	機械関連活動	品質検査活動
12,900,000円	3,000,000円	3,200,000円	4,300,000円	2,400,000円

　さらに，各活動に集計された原価を活動ドライバーにより，次のように各製品に跡づけた。

	資源ドライバー	製品A	製品B	製品C
	金　額			
購買活動	発注回数	4回	4回	4回
	3,000,000円	1,000,000円	1,000,000円	1,000,000円
段取活動	段取回数	5回	4回	7回
	3,200,000円	1,000,000円	800,000円	1,400,000円
機械関連活動	機械運転時間	20,000時間	20,000時間	300時間
	4,300,000円	2,000,000円	2,000,000円	300,000円
品質検査活動	品質検査回数	8回	8回	16回
	2,400,000円	600,000円	600,000円	1,200,000円
合　計	12,900,000円	4,600,000円	4,400,000円	3,900,000円
単位原価		460円[1]	550円[2]	3,900円[3]

　1）4,600,000円÷10,000個　2）4,400,000円÷8,000個　3）3,900,000円÷1,000個

　これにより，ABCで計算した先月の製品別単位売上総利益は，次のとおりである。

	製品A	製品B	製品C
売　上　高	1,000円	1,200円	3,000円
売　上　原　価			
製造直接費	300	500	1,000
製造間接費	460	550	3,900
売　上　総　利　益	240円	150円	△1,900円
売上高総利益率	24.0%	12.5%	△63.3%

　伝統的な原価計算では最も収益性が高いと計算されていた製品Cであるが，特殊製品という性格上，購買，段取りおよび品質検査の各活動において手間がかかり，その生産量に比して非常に多くの製造間接費が発生していることがABCを実施し明らかとなった。今後は販売価格の見直しを行い，取引先との価格交渉を行ったうえで，製品の生産・販売の中止を含めた検討をさらに進めていくことにした。

　また，伝統的な原価計算では売上高総利益がマイナスで計算されていた製品Bは，ABCによる計算では利益が算定されており，製品Aとともに引き続き生産・販売を継続することにした。

　IS工業では，正確な製品原価の算定に基づく正しい収益性分析を行うためにABCを導入したが，今後は継続的な業務プロセスの改善のため，さらにABMへと展開していくことも決定した。

 進んだ学習

● ABB

　ABB（activity-based budgeting：活動基準予算管理）は，ABCの情報を利用して行われる予算管理である。伝統的な予算管理では部門あるいは費目別に予算が編成されるが，ABBでは活動別に予算が編成される。

　ABBでは，ABCの情報に基づき予算が編成されるが，そのステップはABCとは逆である。ABCにおいては，資源→活動→製品という順で

計算を行うが，ABBでは，製品→活動→資源という順で予算が編成される。つまり，まずは次期における予定販売量や予定在庫量に基づき予定生産量を決定する。次いで，この生産に必要な活動を活動ドライバーにより見積る。そして最後に，必要となる活動を行うために消費される資源の量を決定する，ということである。

ABBを行う意義は，次のとおりである（加登（2008），p.149）。

①活動別に予算を編成しているため，これまで固定費として扱われてきたコストを変動費のように管理することができる。

②裁量的に決められてきた項目について恣意性を低下させることができる。

③継続的改善やプロセス管理をサポートできる。

④部門横断的なプロセスごとの評価の仕組を構築することができる。

練習問題

問1　FU工業は，標準製品Ａと少量生産の特殊製品Ｂを生産・販売している。次の資料に基づき，①伝統的な原価計算と②ABCによる，それぞれの製品の単位当たり売上総利益を計算しなさい。なお，伝統的原価計算では機械運転時間を基準に製造間接費を配賦している。

〈資料〉

1．販売単価，生産量および機械運転時間に関するデータ：

	製品A	製品B
① 販 売 単 価	500円	1,000円
② 生 産 量	4,000個	1,000個
③ 機械運転時間	5時間／個	10時間／個

2．原価に関するデータ：

	製品A	製品B		
製造直接費	320円／個	450円／個		
製造間接費	1,200,000円			

内　訳			製品A	製品B
機械関連活動	420,000円	（機械運転時間）	20,000時間	10,000時間
段取関連活動	250,000円	（段取回数）	5回	20回
購買関連活動	70,000円	（材料発注回数）	2回	12回
技術関連活動	360,000円	（製造指図書枚数）	4枚	14枚
品質関連活動	100,000円	（検査回数）	2回	3回

問2　ABMの意義とABMにおいて行われる分析について，説明しなさい。

〈参考文献〉

岡本　清（2000）『原価計算　六訂版』国元書房。

加登　豊（2008）『インサイト管理会計』中央経済社。

小林啓孝，伊藤嘉博，清水　孝，長谷川惠一（2009）『スタンダード管理会計』東洋
　経済新報社。

﨑　章浩編著（2006）『管理会計』学文社。

門田安弘編著（2008）『管理会計レクチャー〔基礎編〕』税務経理協会。

Turney, P.B.B.（1992）"Activity-Based Management," *Management Accounting*,
　January.

第 **12** 章

品質原価計算とライフサイクル・コスティング

― 環境に適合した総合的な原価管理のために ―

本章のポイント

- ● 品質原価計算の意義と特徴を理解する
- ● 品質原価計算の計算方法を理解する
- ● ライフサイクル・コスティングの意義と計算を理解する
- ● ライフサイクル・コスティングの特徴を理解する

VOS工業の品質管理は適切か？

　VOS工業は，自動車製造において用いられる特殊な部品を生産・販売する企業である。特定の販売ルートが確立されているため，これまで比較的安定した業績を維持してきた。しかしながら，販売先から，納入品の品質不良の割合が高まっており，他社からの購入も検討中である旨のクレームがあった。また，工場での製造過程における仕損品の発生率も増加傾向にあることが判明した。

　製品の品質を維持し，不良品の発生率を引き下げるためには，さまざまな方策が必要である。たとえば，従業員に対する品質管理教育の充実，材料受入時の検査の徹底，製造工程の途中や完成時の検査の徹底，製造設備の定期的な点検などである。VOS工業では，これらの品質管理活動についてマニュアルを作成し，継続的に実施していた。しかしながら，製造工程で使用する機械の一部変更時や機械の老朽化に対応したマニュアルの見直しは行っていなかった。また，製造工程途中での品質検査もその時点での仕損品発生率がきわめて低いことから，数年前より検査を省略している。

　VOS工業では，こうした状況について対応策を検討するため，製品の品質に関連する原価を集計した。

費　　目	金　　額
品質管理教育費	400万円
材料受入検査費	200万円
工　程　検　査　費	650万円
製造設備点検費	250万円
仕　　損　　費	1,100万円
販売製品補修費	950万円

　品質管理教育費，材料受入検査費，工程検査費および製造設備点検費を増額させれば仕損費や販売製品補修費を削減できることは容易に考えられるが，こうした品質に関する原価の関係性はどのように考えればよいのか。そのためにはどのような分析技法を用いるとよいのだろうか。

1 品質原価計算

(1) 品質原価計算の意義

　日本の企業における品質管理は，第2次世界大戦後，GHQの要請によりアメリカの品質管理が導入されたことが始まりといわれる。その後1950年に来日したデミング（E.W. Deming）の統計的品質管理（statistical quality control：SQC）に関する講演によりSQCの考え方が導入された。さらに，1960年代以降は，QCサークルを中心に品質管理活動が展開されてきたが，この活動は，一般にTQC（total quality control）と呼ばれる。しかしながら，日本での品質管理活動において，それが（品質）原価と結びついて行われてきた事例はほとんどない。

　他方，アメリカでは，1950年代に品質原価（quality cost）の概念が形成され，品質原価計算（quality costing）が誕生した。当初は品質管理技術者の間で利用されていたが，1980年代になり原価計算や管理会計の領域でも取り上げられるようになってきた。ここで品質原価計算は，品質原価を対象とし，主として製品の品質を品質原価と関連づけ，貨幣数値化するシステムであると定義できる。

(2) 品質原価の分類とその特徴

　品質は，設計品質（quality of design）と適合品質（quality of conformance）

213

に区別できる。設計品質は，製品およびサービスの特性が，顧客が要求するものにどれだけ近いものであるか，すなわち製品およびサービスに対する顧客要求と当該製品の設計仕様との間の適合度合であり，適合品質は，製造された製品または提供されたサービスの，その設計仕様に対する適合度合である。

品質原価の分類に関しては，予防・評価・失敗アプローチ（prevention-appraisal-failure approach：PAFアプローチ）による分類が一般的に広く普及している。この分類によると品質原価は，予防原価（prevention cost），評価原価（appraisal cost），内部失敗原価（internal failure cost）および外部失敗原価（external failure cost）の4つに分けられる。各原価の意味と具体例および発生時期を示せば，**図表12-1**のとおりである。

図表12-1　品質原価の分類と各原価の発生時期

品質原価の種類	定義と（具体例）	発生時期
予防原価	仕様に適合していない製品（不良品）の製造を予防するために発生する原価 （品質計画費，設備保全費，品質管理教育費，品質改善プログラム費，製造工程改善費など）	製造前および製造中
評価原価	仕様に適していない製品を発見するために発生する原価 （受入材料の検査費，検査および試験費，他社製品品質調査費など）	製造中および製造後
内部失敗原価	出荷前の段階で仕様に適していない製品が発見されたことにより発生する原価 （仕損費，再検査および再試験費など）	製造中および製造後
外部失敗原価	出荷後において仕様に適していない製品が発見されたことにより発生する原価 （不良品の補修および取替費，苦情処理担当者の人件費，返品廃棄処分費など）	出荷後

予防原価と評価原価は，品質の低い製品を生じさせないための品質管理活動を行うことで発生する原価である。これらは，経営管理者の裁量によってその

支出額が決められる原価であり，自発的原価あるいは品質適合原価と呼ばれる。

他方，失敗原価（内部失敗原価と外部失敗原価）は，品質管理活動が不十分のため品質不良が発生した結果，不可避的に発生する原価であり，非自発的原価あるいは品質不適合原価と呼ばれる。外部失敗原価には，その測定が困難である機会損失（たとえば，不良品の発生によるブランドイメージの低下や売上げの減少など）も含まれるが，こうした原価の見積も品質原価計算の重要な課題となる。

【設例12-1】

次の資料に基づき，(1) 予防原価，(2) 評価原価，(3) 内部失敗原価，(4) 外部失敗原価，(5) 適合原価および (6) 不適合原価の金額をそれぞれ計算しなさい。

〈資料〉

①仕 損 費　850万円　　②販売製品補修費　790万円

③製品設計改善費　420万円　　④他社製品調査費　100万円

⑤受入材料検査費　210万円　　⑥工程完成品検査費　260万円

⑦不良品手直費　940万円　　⑧品質保証訓練費　270万円

⑨返品廃棄処分費　320万円

解　答

(1) 予 防 原 価　　690万円　（③＋⑧）

(2) 評 価 原 価　　570万円　（④＋⑤＋⑥）

(3) 内部失敗原価　1,790万円　（①＋⑦）

(4) 外部失敗原価　1,110万円　（②＋⑨）

(5) 適 合 原 価　1,260万円　（(1)＋(2)）

(6) 不適合原価　2,900万円　（(3)＋(4)）

(3) 品質原価計算の特徴

　品質原価計算では，上述した品質原価を測定し，経営管理に有用な情報を提供することにより，品質改善や品質原価低減を達成することを目的としている。

　当然ではあるが，予防原価と評価原価を増加させていくことにより，失敗原価は減少する。このとき，両者（予防原価・評価原価と失敗原価）の関係には，2つの考え方がある。

　まず，伝統的な品質原価計算の考え方を示したものが**図表12-2**である。この図表からもわかるとおり，品質原価の総額は，適合原価を表す曲線と不適合原価の曲線との交点において最少となる。伝統的な品質原価計算では，この点における品質原価が最適な品質原価であると認識されてきた。つまり，欠陥ゼロを目指すのではなく，費用対効果の観点から経済性を重視した管理

図表12-2　伝統的な品質原価モデル

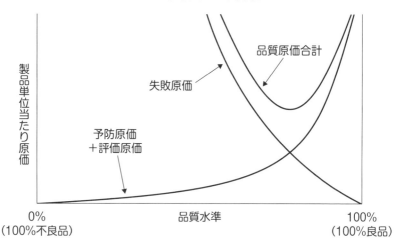

出所：Schneiderman, A.M. (1986) "Optimum Quality Costs and Zero Defects: Are They Contradictory Concepts?", *Quality Progress*, 19(11)p.29 より作成

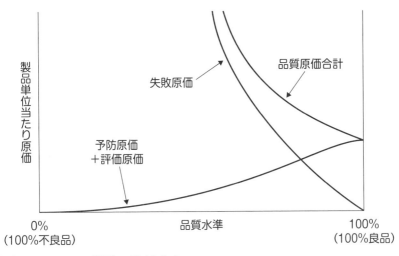

図表12-3 TQMによる品質原価モデル

出所：Schneiderman(1986), p.29 より作成

を行おうとするものである。

　これに対して，最近のTQM（total quality management）の考え方は，欠陥ゼロを目指すものであり，この考え方では，改めて原価の最適点を求める必要がないということである。この考え方を示したものが**図表12-3**である。

　また，この考え方は，日本の伝統的な品質管理活動の考え方とも一致している。わずかな発生率とはいえ欠陥品を販売することは，企業の信用やブランドイメージの低下につながり，長期的には売上の減少をもたらすことになりかねない。

　しかしながら，欠陥ゼロを達成することは短期的には不可能であり，長期的な視点に立った品質原価の分析が必要となる。

　実際の企業の例においても，予防原価を増やしたことの効果はすぐには現れず，いったん品質原価総額の増加をもたらしている（**図表12-4**）。ただ，この時点で中止することなく投入し続けると，何期かのタイム・ラグを経て

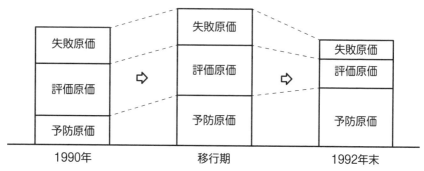

図表12-4　品質原価システムの導入効果

出所：伊藤嘉博 (2001)『環境を重視する品質コストマネジメント』中央経済社，p.50，一部改。

効果が現れてくる。品質原価の削減のためには，長期的な視点に立って考えていく必要がある。

2　ライフサイクル・コスティング（LCCing）

(1) ライフサイクル・コスティングの意義

　伝統的な原価管理では，その管理の対象の中心が製造原価におかれていた。しかしながら，企業を取り巻く経営環境の変化により，製造現場だけでなく，より上流の企画・設計段階での管理の有効性が認識されてきた。他方，コンピュータやエレクトロニクス製品の普及，環境保護への関心の高まり，家電リサイクル法の制定などにより，商品購入後の使用コストや廃棄（処分）コストに関する消費者の関心・認識は確実に高まっている。

　企業ではこうした状況に直面し，企業で発生するコストにおいてはより上流のコストについて，そして，製品を消費者（使用者）に引き渡した後の消

費者側で発生する運用コストや廃棄コストについても，十分な検討をする必要が生じてきた。つまり，市場競争の激しい今日，企業では消費者側のコストを含めた製品ライフサイクル・コスト（life cycle cost：LCC）全体を把握することが，競争優位に立つために必要となってきたと考えられる。

　こうした状況で誕生したのが，ライフサイクル・コスティング（life cycle costing：LCCing）である。つまり，ライフサイクル・コスティングとは，製品の企画・開発段階から使用・廃棄段階に至るまでに発生するすべてのコストを測定・分析するための技法である。

(2) ライフサイクル・コストの分類と計算

　製品のライフサイクルについては，次のようにいろいろな視点から，説明が行われる。

　①マーケティングの視点からのライフサイクル

　②製造者の視点からのライフサイクル

　③消費者の視点からのライフサイクル

　①の視点が一般的に最も知られており，製品は，導入期，成長期，成熟期，衰退期という段階を経て進行し，それぞれの段階で適用される戦略が異なるというものである。②では，企画，設計，開発，製造，ロジスティクスの5段階，また③では，購入，運用，支援，廃棄の4段階を対象とする。

　このうち，ライフサイクル・コスティングがその役割を主として果たすのは，前項でも触れたように，②と③についてである。したがって，ライフサイクル・コストは一般的に，次の4つに分類される。

　①研究・開発コスト

　　市場分析のための費用，製品企画費，製造工程の設計費，システムの試験・評価コストなど

　②生産・構築コスト

　　製造原価（材料費，労務費，経費），生産施設や設備の購入費用など

③運用・支援コスト

　企業側が負担する広告費，輸送費，顧客サービスのための費用，消費者側が負担する運用費，保全費など

④退役および廃棄コスト

　修理不能な部品の廃棄費用など

【設例12-2】

　次の資料に基づき，(1) 研究・開発コスト，(2) 生産・構築コスト，(3) 運用・支援コストおよび(4) 退役・廃棄コストの金額をそれぞれ計算しなさい。

〈資料〉

①製 品 製 造 費 用　4,200万円　②生産設備購入費　8,800万円

③製 品 企 画 費　1,400万円　④使用者側の保全費　1,200万円

⑤廃 棄 処 分 費 用　800万円　⑥広　　　告　　　費　1,500万円

⑦輸　　　送　　　費　500万円　⑧市 場 分 析 費 用　2,400万円

⑨顧客サービスコスト　1,000万円

| 解　答 |

(1) 研究・開発コスト　3,800万円　(③＋⑧)

(2) 生産・構築コスト　13,000万円　(①＋②)

(3) 運用・支援コスト　4,200万円　(④＋⑥＋⑦＋⑨)

(4) 退役・廃棄コスト　800万円　(⑤)

　次に，ライフサイクル・コストの具体的な計算を消費者側で発生するコストを例に説明する。

【設例12-3】

標準型エアコンと省エネ型エアコンに関する以下の資料に基づき，ライフサイクル・コストを考慮した場合，どちらのエアコンを購入した方が経済的であるか計算しなさい。なお，貨幣の時間価値は考慮しないものとする。

〈資料〉

	標準型エアコン	省エネ型エアコン
価格（含む消費税）	132,000円	165,000円
使用年数	5年	5年
運用コスト（年間） 　電気代 　保全費（5年目は不要）	 64,000円 3,000円	 54,000円 4,000円
廃棄コスト	5,000円	5,000円

解　答

省エネ型エアコンを購入することが経済的である。

解　説

各エアコンの購入から廃棄までのコストを計算すると以下のようになり，省エネ型エアコンの方が13,000円（＝469,000円－456,000円）安くなる。

	標準型エアコン	省エネ型エアコン
価格（含む消費税）	132,000円	165,000円
使用年数	5年	5年
運用コスト（年間） 　電気代 　保全費（5年目は不要）	 320,000円[1] 12,000円[2]	 270,000円 16,000円
廃棄コスト	5,000円	5,000円
合　計	469,000円	456,000円

1) 64,000円×5年＝320,000円　　2) 3,000円×4年＝12,000円

ここでは，貨幣の時間価値を考慮しない前提で計算例を取り上げたが，ライフサイクル・コストは，その発生期間が長期にわたるケースが多い。そのため，金額を単純に合計するだけではなく，正味現在価値法を利用することにより，貨幣の時間価値を考慮することが合理的である。

(3)　ライフサイクル・コスティングの特徴

　ライフサイクル・コスティングは，上述したように製品の企画・設計段階から運用・廃棄段階に至るまでに発生するすべてのコストを対象に行われる。このとき，**図表12-5**の決定されたライフサイクル・コストの曲線からもわかるように，発生するコストのかなりの部分は，製品ライフサイクルの初期段階（企画から設計段階）で決定してしまう。したがって，ライフサイクル・

図表12-5　ライフサイクル・コストの決定，原価発生，知識，変更の容易さ

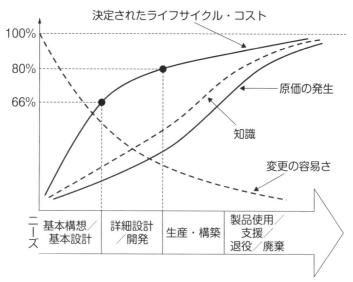

出所：W.J.Fabrycky and B.S.Blanchard（1991）*Life-Cycle Cost and Economic Analysis*, Prentice-Hall, p.13 より作成

コストの管理のためには，初期段階における意思決定が重要となる。この意味でライフサイクル・コスティングは，前節で説明した品質原価計算や次章で取り上げる原価企画などの諸技法とも密接な結びつきがある。

　また，ライフサイクル・コストでは，いくつかのトレード・オフ関係が成立する。たとえば，①製造者側で発生するコストと消費者側で発生するコストのトレード・オフ関係，②ライフサイクルの各段階の費目間のトレード・オフ関係などである。

　図表12-6は，消費者の立場からみたライフサイクル・コストのトレード・オフ関係である。運用コストや廃棄コストが比較的高い製品（自動車や【設例12-3】で示したエアコンのような家電製品など）は，消費者側もライフサイクル・コストを考慮する。したがって，とくにこうした製品は，消費者側でのライフサイクル・コストを最小にすることが製造者側にとっての顧客獲得につながる。こうした点から，ライフサイクル・コストを引き下げるためには，トレード・オフ分析が有効な技法となる。ただし，消費者側での製品の使用状況（使用年数，使用頻度など）のモデル化は難しい問題でもある。

図表12-6　ライフサイクル・コストのトレード・オフ

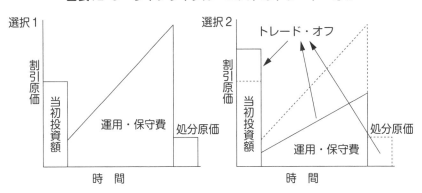

出所：Berliner, C. and J.A. Brimson (1988) *Cost Management for Today's Advanced Manufacturing*, Harvard Business School Press, p.151 より作成

3 VOS工業の品質管理

　VOS工業では，品質原価総額の引き下げの観点から予防原価と評価原価の見直しを行い，その後2年間，次のような対策を行った。なお，ここ数年，生産・販売数量には大きな変化はない。

　品質管理教育費：0年度の支出額の毎年20%増額

　材料受入検査費：0年度の支出額の毎年10%増額

　工程検査費：0年度の支出額の毎年20%増額

　製造設備点検費：0年度の支出額の毎年10%増額

　その結果，品質原価の発生額は，次のようになった。

費　目	0年度	1年後	2年後
品質管理教育費	400万円	480万円	480万円
材料受入検査費	200万円	220万円	220万円
工　程　検　査　費	650万円	780万円	780万円
製造設備点検費	250万円	275万円	275万円
仕　　損　　費	1,100万円	980万円	870万円
販売製品補修費	950万円	850万円	570万円
合　　計	3,550万円	3,585万円	3,195万円

　予防原価と評価原価への支出額の見直し（増額）を行ったことにより，1年後では品質原価総額が前年度より増加した。しかしながら，対策の効果が浸透したと思われる2年後には元の金額（3,550万円）の10%の削減に成功した。とくに，ブランドイメージや売上の低下に直接的に関係する外部失敗原価（販売製品補修費）は，40%（950万円→570万円）の削減に成功している。

問1　ライフサイクル・コストのトレード・オフ関係を説明しなさい。

問2　次の資料に基づき，①予防原価，②評価原価，③内部失敗原価，④外部失敗原価，⑤適合原価，⑥不適合原価および⑦品質原価総額を算定しなさい。

工程完成品検査費	420万円	品質管理教育費	290万円
他社製品調査費	150万円	返品廃棄処分費	170万円
仕　　損　　費	1,250万円	製品設計改善費	420万円
受入材料検査費	210万円	販売製品補修費	1,440万円
製造設備保全費	180万円	不良品手直費	310万円

〈参考文献〉

伊藤嘉博（2001）『環境を重視する品質コストマネジメント』中央経済社。

岡本　清（2000）『原価計算　六訂版』国元書房。

小林啓孝，伊藤嘉博，清水　孝，長谷川惠一（2009）『スタンダード管理会計』東洋経済新報社。

崎　章浩編著（2006）『管理会計』学文社。

高橋俊夫監修，崎　章浩，中嶋隆一編著（2002）『会計の戦略化―経営環境の変化と会計』税務経理協会。

Berliner, C. and J.A. Brimson（1988）*Cost Management for Today's Advanced Manufacturing*, Harvard Business School Press, p.151.

Schneiderman, A.M.（1986）"Optimum Quality Costs and Zero Defects: Are They Contradictory Concepts?", *Quality Progress*, 19（11），pp.28-31.

Fabrycky, W.J. and B.S. Blanchard（1991）*Life-Cycle Cost and Economic Analysis*, Prentice-Hall.

第 13 章

原価企画
― 生産開始前に原価を作り込む ―

本章のポイント

- 新しい原価管理概念が必要性を理解する
- 原価企画の意義を理解する
- 原価企画の方法を理解する
- 原価企画の長所・短所を理解する

TANY電器はどのように原価引下げをしたらいいのか？

　TANY電器は，家庭用の冷蔵庫を量産するメーカーで，コンピュータ制御された生産ラインを使って混流生産を行っている。冷蔵庫は小型，中型，大型，大型プレミアムの4種類を生産している。冷蔵庫は成熟市場であることもあって，競合企業が多数存在し，それぞれの製品はサイズで販売価格がほぼ決まってしまう。利益を得るためには，高機能の製品をどれだけ安い原価で生産できるかにかかってくる。しかし，生産ラインは自動化されていることもあって，製造過程での能率管理にはすでにほとんど手を加える余地はない。

　消費者は他社の製品と比較して，価格帯とサイズから購入する製品を選んでいるようである。そうであれば，機能を充実させて他社との比較優位を得る必要がある。しかし機能を充実させれば，それにともなって原価が増加し，価格が決まっているので利益が減少することになる。そこで，原価を増加させないで機能を増す方法を考える必要がある。

　また，この製品は特定家庭用機器再商品化法（家電リサイクル法）の対象製品で，使用後の廃棄のことも考える必要がある。さらに昨今のエコ，地球温暖化，SDGsといったキーワードからもわかるように消費者の環境に対する意識の増大は，製品開発にも大きな影響を与えている。消費電力を抑えること，CO_2排出を抑えること，廃棄時に資源ごみとして再利用を考えることなど，製品が消費者に渡ってから発生するコストのことも考慮に入れなければならない。これらのことも製品に要求される重要な機能である。

　さらにはこれより前に施行された製造物責任法（PL法）によって，製品の品質についても従来以上に気を配らなければならない。自社の製品の欠陥によって発生した損害についての賠償責任が規定されたからである。

　ただ良い製品を作ればいい時代ではなく，消費者が要求する機能の製品を，

消費者が希望する価格で，使用中はもちろんのこと廃棄に至るまでの消費者のコストを少なくするように，設計し，製造し，販売し，アフターケアをしなければならない。TANY電器はこれを実現するために，どのような方策をとっていけばいいのだろうか。

1 生産方式の変化と新しい原価管理

　製造業において，生産方式は時代とともに変化してきた。わが国においては，昭和30年代にフォードシステムに代表されるプロセス・オートメーションが発展し，標準製品を少品種で大量生産し，規模の経済によって，原価引下げを行っていた。この生産形態の下では，製造段階で生産能率の向上を図って原価管理（コスト・コントロール）する標準原価計算による管理が効果的であった。

　しかし，モノが満たされ，消費者の欲求が満たされてくると，製品はただ作っても売れなくなってきた。販売や生産の計画を立て，収益との関係で相対的に原価を引下げるもう少し広い原価管理（コスト・マネジメント）が必要になり，予算や直接原価計算，設備投資の経済性計算が行われた。

　さらに消費者の価値観が多様化し，多くの種類の製品を少しずつ生産する多品種少量生産が行われるようになった。このためにコンピュータ技術やマイクロ・エレクトロニクス技術，さらには情報通信技術が発展し，自動生産に適した新しい素材が生み出され，工場はよりいっそう自動化されるようになった。そうした企業環境変化に対応するため，販売，技術，生産といった企業全体をコンピュータによって統合した生産システム（computer integrated manufacturing：CIM）が構築された。このような状況の下では，従来の原価管理はあまり効果がなくなり，新しい原価管理の方法が必要にな

った。

インテグレーテッド・コストマネジメント（integrated cost management：ICM）は，「環境変化に対応して，新技術の研究・開発から新製品ないしモデルチェンジ品の企画，設計，製造，販売促進，物流，ユーザーの運用，保守，処分にたいする全プロセスについて，グローバルな視点をもって，製品，ソフトおよびサービスの原価管理を企業目的の達成に向けて統合的に遂行すること」（日本会計研究学会特別委員会（1993））と定義されている。原価管理の対象が，製造，販売から全職能に拡張され，新しい管理ツールのひとつとして，原価企画が利用されるようになった。

2 原価企画の意義と目的

原価企画は，一般的に認められた定義はないが，「製品の企画・設計の段階を中心に，販売，技術，生産，開発，経理など企業の関連部署の総意を結集して，総合的原価引下げを意図した原価管理の手法である」（櫻井（1991），p.59）と定義することができる。

原価企画は，消費者の価値観の多様化，製品ライフサイクルの短縮化，企業間競争の激化といった企業環境に対応するため，企画・設計・生産・販売段階を含む全製品ライフサイクルにおける総合的原価引下げのための手法であるといえる。

原価企画の目的は企業によってさまざまで，「現状の標準原価を工場の自主的改善努力で着実に引き下げること」，「(1) 利益体質を成立させるためのコスト戦略に重点をおいた工場を実現し，(2) 自動化，フレキシビリティを具備する高能率工場の実現を図ること」，「変動費の低減」（櫻井（1991），p.59）などがあげられる。また，神戸大学管理会計研究会の実態調査（神戸大学管理会計研究会（1992a），p.90）によれば，原価企画導入当初と導入後

で目的の重点が移行するようである。それは，原価企画導入当初は「原価低減」が主要な目的で，次に「品質」を目的とすることが多いのだが，導入後は，当初は重視していなかった「新製品のタイムリーな導入」や「顧客のニーズにあった製品開発」を含めて，多くの目的をもつようになっている。

原価企画の特徴は，以下のようなものがあげられる（櫻井（1991），pp.59-60）。

① 　原価企画は主として企画・設計の段階において適用される。これに対して伝統的原価管理手法である標準原価計算は生産過程において適用される。

② 　原価企画は原価統制（cost control）の手段ではなく，原価計画（cost planning）ないし原価低減のための管理手法である。

③ 　原価企画は反復的生産を前提とする生産形態よりも，多品種少量生産を前提にした生産形態に最もよく適合する。したがって，一般には装置産業よりは加工組立型の産業によく適している。

④ 　原価企画は設計仕様や生産技術の決定技術をコントロールする管理手法である。そのために会計的性格よりも，経営工学的な性格が色濃くなっており，一般にはVE，TQC，かんばん方式などの日本的な管理工学的手法が併用される。

⑤ 　原価企画では，会計部門をコーディネーターとして，販売，技術（企画・設計），生産の協力が不可欠である。この点でCIMと原価企画との接点が見出される。

3 原価企画の手続き

原価企画は実務先行で実施され，その詳細については近年，ケーススタディによって紹介されている。それらの研究によれば，原価企画の手続きは企

業によってさまざまであり，対象とする原価の範囲も異なっている。

　ここでは原価企画による原価管理について，概略的にそのプロセスを紹介したい。

　まず初めに，全社的な中期利益計画が立てられる。この中期利益計画は，会計期間ごとの目標利益を設定し，それを達成するための全社的な損益分岐点の引下げを目的とする。この段階で，目標原価設定の基礎になる目標利益が設定される。

　次に目標原価が設定される。目標原価は，中期利益計画としての新製品開発計画や販売計画，設備投資計画，人員計画，財務調達計画などの設定プロセスでもとめられた各新製品の目標利益を基礎として設定される。

　目標原価設定のプロセスはまず，それぞれの新製品について，担当主査（主管：プロダクトマネジャー）が具体的な企画構想を固め，要求される目標利益を達成するための目標原価（許容原価）を設定する。そして，設計された図面に基づいて原価見積（成行原価）を行い，許容原価と成行原価とのギャップを埋めるようにVEにより検討しながら設計を進め，目標原価を固めていく。VEでは，機能との関連で原価の引下げを考えていく。

　目標原価が設定されると，目標原価を生産段階において達成するための準備を行い，生産設備の確認，最終的な部品価格や材料・工数などの標準を決定する。

　実際の生産が始まると，製造過程で目標原価を達成するために原価改善活動が実施される。

　このように原価企画では，生産段階での管理から，企画・設計段階での管理に重点が移行している。これは，工場のFA化，あるいはFMS化が進み，実際の生産段階での管理がほとんどできなくなってきているからである。

4 目標原価の設定方法

　ここで原価企画のなかで最も重要なプロセスである目標原価の設定についてもう少し詳しくみてみたい。

　目標原価の設定方法には大きく分けて，次の3通りの方法がある（田中(1979)，p.39）。

① 利益計画より算出する目標原価（許容原価）

　この目標原価は許容原価といわれ，資本利益率から売上高利益率を導き，さらに売上高原価率を計算し，次式のようにして求める。

**　　目標販売価格－目標利益＝許容原価**

　許容原価はトップマネジメントが設定し，比較的タイトネスの厳しい目標値である。これは，演繹的なコスト割付である。目標販売価格は市場でおおよそが決まっている。新製品といっても，多くはモデルチェンジやバージョンアップなので，既存製品の販売価格が目標販売価格の決定の大きく影響する。おおむね既存製品の販売価格とほぼ同じ額が目標販売価格になる。

　企業は採算性を無視しては存続できないのであるから，基本的にはこの演繹的なコスト割付を行うべきである。ところが，採算性ばかりを追求していて，企業の現状の経営与件から大きくかけ離れていては，それは達成目標にならないから，現実の経営与件・自社の実力を踏まえたものでなければならない。

② 技術計画より算出する目標原価（成行原価）

　この目標原価は成行原価といわれ，現状の技術レベルに基づく設定法で，技術者によって設定される目標原価である。現在の生産設備および生産技術のレベルの範囲内で可能な目標原価であるため，比較的タイトネスの緩やか

な目標原価である。①の方法に対比して，帰納的なコスト積み上げ方式であるといえる。

　この設定法は採算性を考慮せず，自社の設計技術水準，生産技術水準，製造技術水準などを考慮しているために，技術的には達成可能であっても採算性に欠ける目標原価になる可能性がある。

③　利益計画・技術計画を統合して算出される目標原価（折衷法）

　この目標原価は，上記２つの目標原価を調整して一本化したものである。そのため，トップマネジメントと技術者との間で話し合いが行われ，両者の折衷案をもとめるものである。原則として両者に差異が発生すると，この両者に大きな差異がなければ①で設定された許容原価になるように，②の成行原価にVEなどを用いた技術改善がなされ，両者歩み寄り，目標原価が設定される。しかし，この両者の差異が大きい場合には政策的判断により何らかの基準を用いて設定することとなる。

　通常，目標原価はこの③の方法で設定される。目標原価は個別新製品基本計画において設定されるが，まず目標販売価格から中期経営計画で立てた目標利益を差し引いて目標原価（許容原価）を算出する。その一方で，主査構想による積上げ的な見積原価（成行原価）を算出し，これらをすり合わせて，許容原価と成行原価のギャップを埋めるよう各工程に割付けて，正式に製品１単位当りの目標原価設定が行われる。この作業によって，設計段階で原価引下げが成し遂げられる。

　また，適正な原価を見積もるためには，コスト・テーブルを利用するとよい。これは，迅速かつ正確に原価を見積もるために，さまざまな特性や要素，使用量などによって発生する原価を見積もり，一覧表にしたものである。コスト・テーブルによって，原価見積の効率や精度を上げることが可能になる。

5 原価企画の機能と逆機能

　原価企画は，企画設計段階で原価引下げをすることによって劇的な原価の引下げができ，コスト面での優位をもたらし，製品の品質を安定させ，新製品を市場にタイムリーに投入することを可能にする。

　しかし，その反面，逆機能といわれる問題点があることにも注意しなければならない。それは，①サプライヤーの疲弊，②設計担当エンジニアの疲弊と燃え尽き症候群，③行き過ぎた顧客志向の弊害，④組織内のコンフリクト（衝突）などがあげられる。

　メーカーとサプライヤーが部品の共同開発を行うデザイン・インは，メーカー側からの原価引下げ要請，開発期間が短いこと，成果の大部分がメーカー側に帰属してしまうことなどから，サプライヤーは組織的疲労が蓄積してしまう。また設計担当エンジニアも疲労とストレスが重なり，燃え尽き症候群に陥る可能性が高くなる。

　原価企画も万能ではないので，このような問題も考慮して，適切に原価企画を適用していく必要がある。

6 TANY電器はどうすればいいか

　TANY電器では，自動化された生産ラインのもと，競合他社との競争に打ち勝つための利益率アップが求められる。そのためには，原価企画の導入を図るべきである。まず製品サイズごとに主査を決め，そのもとに企画，設計，購買，製造，販売などの部門に経理部を加え，プロジェクトチームとして原価企画を実施する。販売価格はおおよそ市場で決まっているから，原価の引下げによって利益を確保しなければならない。しかし生産ラインは自動

化されているので，原価引下げの余地がほとんどない。そのため，原価企画による製品の企画・設計段階で原価の作り込みを行い，原価引下げをするのが有効である。

　原価企画では，同時に利用者の原価である運用コストや廃棄コストを考えた企画・設計を行い，さらに製品の作りやすさなどを考えた企画・設計を行うことで，予防原価や評価原価を引き下げ，加えて失敗原価をゼロにするよう努力する。これはライフサイクル・コスティング，品質原価計算も，企画・設計段階で取り入れることである。

　複雑な企業環境のもとで，競争優位を持続していくためには，戦略をその中心において経営管理を行う必要がある。そのためには，戦略管理会計のもたらす会計情報をうまく利用していく必要があるであろう。

練習問題

問1　原価企画における目標原価の設定について説明しなさい。

〈参考文献〉

神戸大学管理会計研究会（1992a）「原価企画の実態調査【1】」『企業会計』中央経済社。

神戸大学管理会計研究会（1992b）「原価企画の実態調査【2】」『企業会計』中央経済社。

櫻井通晴（1991）『企業環境の変化と管理会計』同文舘出版。

櫻井通晴（2009）『管理会計　第四版』同文舘出版。

高田直芳（2004）『[決定版]ほんとうにわかる管理会計＆戦略会計』PHP研究所。

田坂　公（2008）『欧米とわが国の原価企画研究』専修大学出版局。

田中雅康（1979）「ターゲット・コストによる原価管理」『原価計算』日本原価計算研究学会。

日本会計研究学会特別委員会（1993）「インテグレーテッド・コストマネジメント」日本会計研究学会報告書。

山田庫平，吉村　聡編著（2006）『経営管理会計の基礎』東京経済情報出版。

Berliner, C. and J.A. Blrimson（1988）*Cost Management for Today's Advanced Manufacturing*, Harvard Business School Press.

原価企画の実態調査

　原価企画は，機械，電機，輸送用機器産業などの加工組立型の産業によって多く導入されている。これらの業種では，全社的に，あるいは少なくとも事業所・事業部で組織的に行われているケースが大部分である。さらに，非鉄／金属製品の業種においてもなんらかの形で取り組んでおり，石油／ゴム／ガラス／窯業，化学や鉄鋼の装置産業においても徐々に導入されている（神戸大学管理会計研究会（1992a），pp.88-89）。

　原価企画の組織については，原価企画独自の事務局をおいているのは3分の1程度で，原価企画事務局は商品企画，開発，設計，生産技術，経理をその上位部門としている。（神戸大学管理会計研究会（1992a），pp.90-91）。

　原価要素の範囲では，ほとんどすべてが素材費，買入部品費，直接加工費といった直接費を原価企画の対象としている。間接加工費と新規設備の減価償却費は80%が，開発費，試作費や物流費は3分の2程度の企業が対象としているが，多くが今後の検討課題としている。しかし，品質保証費，PL関連コストや廃棄コストについてはあまり対象とはされていない（神戸大学管理会計研究会（1992b），pp.74-75）。

第 14 章

バランスト・スコアカード
─ 戦略の実現と多元的な業績評価のために ─

本章のポイント

- ● バランスト・スコアカードとは何か
- ● バランスト・スコアカードの構造について学ぶ
- ● バランスト・スコアカードの役割を学ぶ
- ● バランスト・スコアカード実用例をみる

TB洗剤における不適切な業績評価への反省

　TB洗剤は日本国内に10支店をもつ，洗剤メーカーであり，TBブランドを展開している。洗剤業界は比較的不況に強いといわれているが，各大手スーパーマーケットが自社ブランド（PB）を展開したり，外国のメーカーが上陸してきたりして，これらが近年の売上高伸び悩みの一要因となっている。これまで，各支店に対して一定の財務的なノルマを課し，これを複数期間達成できない場合には，支店長を左遷したり，最悪の場合には支店の閉鎖を行ってきた。しかしながら，社内では，地域により市場の奥行・広さ・競争状態に強弱があり，画一的な財務評価のみでは，その支店の業績が正当に評価できないのではないかとの声が上がっていた。とくに，降格された支店長の不満は相当なもので，社内全体に沈滞したムードを作り出していた。これを物語るように，昨年，業績不振を理由に北関東支店を閉鎖したが，その直後に進出した当社のライバル会社は1年もたたないうちに，その地域で大きな成功を収めているらしい。北関東支店は本社が示した財務的ノルマがここ数年達成できなかったし，加えて赤字を出していた。本社上層部はこれを問題視し，支店長を呼んで協議した結果，閉鎖に踏み切った。しかしながら，支店長はこれまでの営業努力の結果，徐々に顧客が新製品に興味を持ち始めていることや将来的な事業展開についての説明を行ったが，これを本社上層部は支店長の保身であると決めつけ，聞く耳をもたず，これまでの財務業績のみを判断基準として閉鎖を決めた。ちなみに，後追いで当社新製品と同様の製品を発売したライバル会社の営業担当者は，当社が開拓しつつあった市場をそのまま引き継いだので，「苦もなく成功した」といっているらしい。TB洗剤は起死回生の新製品として柔軟剤を売り出した。この柔軟剤は今までの自社および他社の製品とは違いかなり残香性の強い製品であった。このような嗜好性の強い製品は地域によって好みに特性があり，新製品の浸透に時間を要す

るケースがある。都市部では好調な売上を上げていたが，比較的保守的な地域特性をもつ北関東支店ではかなり苦戦していた。これを打開するべく，新製品の無料配布などの地道な営業活動を行った。最近では，これが功を奏し，徐々にその成果が出始めた矢先，支店閉鎖に追い込まれたのであった。

　どこに，この判断ミスが生じたのであろうか。本社上層部は財務的な指標のみに評価が偏っていたことや長期的な戦略に基づいた判断でなかったことを痛感した。このとき，本社上層部のメンバーから，「バランスト・スコアカード」を導入してみたらとの提案があった。社長はその存在は知っていたが，具体的な知識を持ち合わせてはいなかった。バランスト・スコアカードとはいかなるものなのか？

1 バランスト・スコアカードとは

　バランスト・スコアカード（以後，BSCと略称する）は，1990年代にハーバード大学教授のR.S. Kaplanとコンサルティング会社社長のD.P. Nortonによって提唱された多元的業績評価システムである。

　従来，業績評価は財務指標を用いた評価が中心であったが，急激な企業変化が生じる昨今では，それ単独では正しい業績評価が困難になった。そこで，財務の視点のみならず，BSCは顧客の視点，内部ビジネス・プロセスの視点，学習と成長の視点から企業全体，部門，ビジネス・ユニット，個人などを多元的に業績評価するツールとして案出された。その後，導入過程において，BSCは4つの視点を基準にビジョンと戦略を策定したうえで，それを具現化する戦略マップを作成し，その遂行を管理するためのマネジメント・ツールへと進化した（櫻井（2009）p.255）。

2 バランスト・スコアカードの登場とその意義

　1980年代までの管理の中心は経営内部にあり，経営内部の効率化によって
いかに安い製品を大量に市場へ投入するかが成功のカギであった。しかしな
がら，周期的に訪れる不況はそのたびごとに，企業環境を激変させていった。
不況期における市場獲得競争は企業に新たな視点を与えた。これは顧客の立
場を踏まえた経営であったり，株主の立場を重視した経営であったり，いわ
ば外部を志向した管理への模索であった。こうした傾向は厳しい不況を経験
した1990年代以降に顕著な状況として現れる。とくに，厳しい企業環境に対
応するためには，短期的な視点の内部企業管理に加えて，長期的な視点の外
部企業環境への継続的な適応が必要となった。このために，戦略が策定され
るようになった。このとき，戦略は短期と長期，過去と未来，利害関係者間，
財務と非財務，外部と内部の各バランスがとれていなければならない。

　すべての企業は自らの存在意義を示す企業理念を有しており，これはその
企業が長期的かつ持続的に達成すべき目標でもある。この企業理念からは「価
値観」と「ミッション」が導出され，これに基づいて「ビジョン」が提示さ
れる。これを実現するために，戦略が策定される。このとき，戦略を具体化
し，これを実現させるツールが必要とされた。これがBSCである。それゆえ，
BSCは戦略遂行のための目標を示し，かつその成果を多元的に測定・評価
する戦略マネジメント・システムであるということができる。

　したがって，BSCは策定された戦略をマップとして可視化し，スコアカー
ドの作成によって戦略の遂行を管理するツールであると位置づけられる。
そこで，BSCの導入によって，組織内の各業務が企業の戦略達成にどのよ
うに貢献するかを可視化することで，戦略の浸透が図られ，業務の効率化，
評価，見直しが可能になる。

3 バランスト・スコアカードの４つの視点

　BSCは，企業理念における価値観やミッションに基づいて，①ビジョンの決定，②戦略の策定と戦略マップの作成，③重要成功要因（critical success factors：CSF）の探索，④業績評価指標（key performance indicators：KPI）の設定，⑤アクションプランの作成という手順で実施される。その後，業績評価指標の達成度合いが評価され，修正行動がとられる。ここで，戦略マップは戦略を構成する要素の因果関係を視覚的に表したものであり，重要成功要因は戦略を遂行するための成功要因であり，業績評価指標はそれを評価する業績指標である。なお，戦略マップは４つの視点と重要成功要因，業績評価指標の因果関係が示されているので，戦略を実行するうえで，いかなる管理を行えばいいのかが明確になる。業績評価指標を達成するためには，適切な活動が行われているかをモニタリングする。こうしたBSCの一連の過程によって，PDCA（Plan→Do→Check→Action）のマネ

図表14-1　バランスト・スコアカードにおける４つの視点

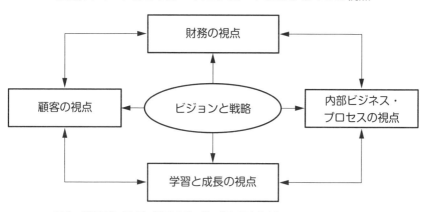

出所：櫻井通晴（2009）『管理会計　第四版』同文舘出版，p.259。

ジメント・サイクルが構築できる。

BSCは**図表14-1**のように，財務の視点，顧客の視点，内部ビジネス・プロセスの視点，学習と成長の視点という4つの視点から，企業業績をデザインする。

図表14-1における4つの視点を結んでいる矢印は，相互関連性を示唆している（櫻井（2009）p.259）。

(1) 財務の視点

ステークホルダーからみた企業の存在意義は，財務的成功による企業価値の増大である。当然のことながら，経営管理者は短期，中長期の企業目標を樹立し，これを達成しなければならない。このとき，達成される企業目標はステークホルダーが「企業にどんな期待をしているか」からスタートし，期待に沿う財務的業績である。そこで，BSCにおける財務の視点では，主たる資金提供者である株主を初めとしたステークホルダーに対する業績目標が提示される。とくに，近年，企業価値や株主価値創造のための経営が重視されている。このためには達成すべき目標を外部の利害関係者に提示し，これを確実に実現させていかなければならない。財務の視点からの戦略に基づく重要成功要因と業績評価指標の一例は，**図表14-2**のとおりである。

図表14-2　財務の視点からの戦略，重要成功要因と業績評価指標の一例

戦　　略	重要成功要因	業績評価指標
利益の拡大	売上の拡大	売　上　高
	利益率の向上	売上高利益率
資金の流動化	在庫の圧縮	棚卸資産回転率
	固定資産の圧縮	固　定　比　率

売上高，利益は企業の基本的な経営成績を形成する要因であり，その絶対

額は財務諸表で示される。これは当該企業が社会的に判断される対象として大きな意味をもつ。また，財務諸表が提供する売上高利益率，棚卸資産回転率などは収益性，固定比率などは安全性を示す。それゆえ，適切な目標値を設定し，これを確実に達成しなければならない。

　こうした点を踏まえて，財務目標値設定に際しては，きめ細かい配慮が必要になる。たとえば，製品の目標売上高を設定する際に，製品にはライフサイクルがあるので，成長期，安定期，成熟期のどこの段階にあるかによって設定するべき目標値が異なる。そこで，製品ライフサイクルに基づいて，成長期，安定期，成熟期に適した財務目標を設定する。

(2) 顧客の視点

　顧客の視点では，顧客に提供する製品やサービスの達成目標が提示される。大量見込生産方式を基軸とする生産中心主義の生産環境から多品種少量生産方式を基軸とする市場中心主義のそれにシフトすると，より顧客の観点による経営が必要視されるようになった。顧客の視点からの戦略に基づく重要成功要因と業績評価指標の一例は，**図表14-3**のとおりである。

図表14-3　顧客の視点からの戦略，重要成功要因と業績評価指標の一例

戦　　　　略	重 要 成 功 要 因	業 績 評 価 指 標
サービスの向上 顧客満足の向上	顧　客　満　足	顧　客　満　足　度
	顧　客　の　定　着	顧　客　定　着　率
	顧客のクレーム処理	クレーム処理成功回数

　消費者は低価格製品の購買を望む一方で，気に入った製品や利便性の高い製品に対しては高額を支払うという行動をとる。そこで，消費者ニーズを掘り出し，それをタイミング良く充足することで，顧客の購買意欲を高めることができる。これにより，製品が売れ，売上高が上がり，ひいては目標とな

る利益が維持できる。

このとき，測定尺度は顧客満足度，顧客定着率などの指標と同時に，顧客のクレーム処理成功回数などの指標も重要視されなければならない。

(3) 内部ビジネス・プロセスの視点

内部ビジネス・プロセスの視点では，目標とした業務を企業内部的にいかに効率化するかの目標を示す。原価の削減や生産工程の改善など目指すべきビジネス・プロセスの改善にかかわる。内部ビジネス・プロセスの視点からの戦略に基づく重要成功要因と業績評価指標の一例は，**図表14-4**のとおりである。

図表14-4　内部ビジネス・プロセスの視点からの戦略，
重要成功要因と業績評価指標の一例

戦　　　　　　　略	重 要 成 功 要 因	業績評価指標
質 の 良 い 製 品 の 迅 速 な 製 造	品　質　向　上	返　品　率
	生 産 の 効 率 化	生産のリードタイム
効 率 的 な 納 品	納　期　の　厳　守	納期の厳守率
	流通コストの削減	流通コスト率

顧客ニーズを捉えたとしても，そのニーズを充足する力が企業に存在しなければ意味がない。すなわち，製品の企画，設計，購買，製造，在庫，販売，アフターサービス，リサイクルが遅滞なく行われ，本社と支店（現場）が連携して，高品質・高機能な製品が比較的安価で提供されなければならない。そのためには，内部ビジネス・プロセスの管理は不可欠である。

(4) 学習と成長の視点

企業は絶えず，学習をもとにした成長が図られなければならない。すなわ

ち，優秀な人材の確保，確保した人材のスキル・アップは企業成長のカギであり，近年，人的資源管理としてクローズ・アップされている分野である。学習と成長の視点からの戦略に基づく重要成功要因と業績評価指標の一例は，**図表14-5**のとおりである。

図表14-5　学習と成長の視点からの戦略，
重要成功要因と業績評価指標の一例

戦　　　　　略	重　要　成　功　要　因	業　績　評　価　指　標
従　業　員　の スキル・アップ	製　品　知　識　の　深　化 顧　客　対　応　の　教　育	研　修　回　数
	社内ミーティングの経常化	ミーティング回数

　企業の基盤は「人」である。従業員の技術的な能力の向上とモチベーションの高揚は，企業活動の効率化のためには不可欠である。このために，OJT[1]（on the job training）を通じて従業員の技術的なスキル・アップが図られたり，社内研修などによりモラルやモラールの高揚が図られる。こうした人材育成は企業成長の原動力となる。

4　4つの視点の相互関係

　財務の視点，顧客の視点，内部ビジネス・プロセスの視点，学習と成長の視点はこの順番で説明してきたが，これは偶然ではなく，これらの関係を示している。また，これらは相互に関連性を有しており，循環的な関係にもある。**図表14-6**は学習と成長の視点から，「従業員のスキル・アップ」を図ると，

---

1) OJTは職場における実務を通じた従業員の教育訓練であり，これとは対照的にOff JTは社外での研修などの講師による従業員の教育訓練である。

内部ビジネス・プロセスの視点で要求されている「業務プロセスの質的向上」，「サイクルタイムの短縮化」が可能になり，顧客の視点から要求されている「納期の厳守」，「顧客ロイアリティの向上」が可能になり，その結果，財務の視点で要求されている「総資本利益率」が向上する。これは逆からも同じことがいえる。すなわち，「総資本利益率」を向上させるためには顧客満足が必要になり，そのためには内部ビジネス・プロセスの効率化が必要になり，そのためには従業員のスキル・アップを行う方策を講じるべきであるということになる（吉川（2008）p.73）。

図表14-6　バランスト・スコアカードの4つの視点と相互関係

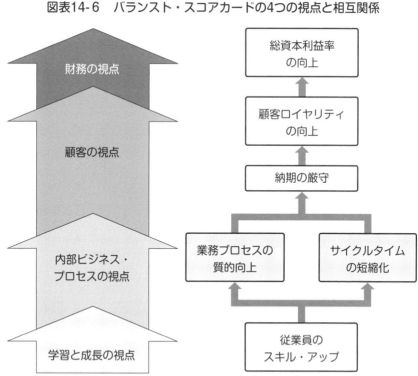

出所：吉川武男（2008）『バランス・スコアカード構築』生産性本部，p.73，一部改。

5　TB洗剤へのバランスト・スコアカードの導入

　TB洗剤は支店閉鎖失敗から，事業における多元的な評価の必要性とビジョンに基づく戦略の策定と遂行の重要性を学んだ。BSCがあれば，TB洗剤は非財務情報の敷衍によって，より正しい判断が下せたと思われる。同時に，ビジョンに基づく戦略の策定とその遂行が行われていれば，目先の数値（短期的視点）に惑わされずに確固たる信念（長期的視点）のもと成功への道が歩めたはずである。また，そうしたビジョンに基づく戦略を支店が本社に論理的に説明でき，説得できたに違いない。

　TB洗剤ではBSCの導入チームを編成した。チームは手探り状態であるが，全社的なBSC，支店のBSC，部門のBSCを企画した。まずは全社的なBSCを構築することにした。ビジョンと戦略の策定に当たっては，TB洗剤の企業理念である「環境に配慮し，安全な製品を提供する信頼される洗剤メーカーであり続ける」をベースにした。これは「環境保護」，「社会貢献」，「安全」，「信頼」がキーワードになっている。

　そこで，全社的な財務の視点，顧客の視点，内部ビジネス・プロセスの視点，学習と成長の視点から，戦略を策定し，マップを作成し，重要成功要因を探索し，**図表14-7**のような業績評価指標を設定した。

図表14-7　TB洗剤の全社的な業績評価指標（部分）

財務の視点	顧客の視点	内部ビジネス・プロセスの視点	学習と成長の視点
・利益額 ・売上高 ・総資本利益率 ： ：	・顧客満足度 ・市場占有率 ・顧客ごとの利益率 ： ：	・生産のリードタイム ・不良品数 ・返品率 ： ：	・社内ミーティング回数 ・研修回数 ： ：

ここで，時計の針を北関東支店を閉鎖する前に戻して，「もし北関東支店のBSCがあったならば…」を仮定して論述を進める。

北関東支店でも本社の戦略を参考にして，支店の戦略を**図表14-8**のように設定した。

図表14-8　北関東支店の４つの視点からの戦略（部分）

財務の視点	顧客の視点	内部ビジネス・プロセスの視点	学習と成長の視点
・利益の拡大 ・売上の拡大 ・収益性の増大 　： 　： 　：	・顧客へ満足を与える 　： 　： 　：	・顧客への製品の確実な納品 ・本社との情報の共有化 　： 　：	・従業員のスキル・アップ 　： 　： 　：

また，４つの視点からの戦略に基づく支店の重要成功作用因（部分）は，**図表14-9**のとおりである。

図表14-9　北関東支店の４つの視点からの戦略に基づく重要成功作用因（部分）

財務の視点	顧客の視点	内部ビジネス・プロセスの視点	学習と成長の視点
・営業利益の拡大 ・売上高の拡大 ・利益率の増大 　： 　： 　：	・顧客の開拓 ・顧客の定着 ・顧客からのクレームの処理 　： 　： 　：	・在庫管理 ・本社への報告 　： 　： 　：	・社内ミーティングの経常化 ・製品知識の深化 　： 　： 　：

さらに，支店の重要成功作用因（部分）を評価する業績指標（部分）は，**図表14-10**のとおりである。

図表14-10　北関東支店の業績評価指標（部分）

財務の視点	顧客の視点	内部ビジネス・プロセスの視点	学習と成長の視点
・営業利益 ・売上高 ・売上高利益率 ：	・新規顧客獲得率 ・顧客定着率 ・クレーム処理回数 ：	・棚卸資産回転率 ・棚卸減耗 ・本社への報告回数 ：	・ミーティング回数 ・研修回数 ：

　TB洗剤の支店閉鎖の失敗は，支店の活動目的，その活動の達成度合い（進行状況），最終目的達成に要する期間，目的達成が作り出す効果が本社に明確化されなかったことによると考えられる。本社とのコミュニケーション不足は否めない。

　以上を考慮した北関東支店用のスコアカードは**図表14-11**のとおりである。

　TB洗剤はBSCがあれば，次のような思考のもとで，支店運営が進み，それに基づいた本社の意思決定ができたはずである。

　まず，財務の視点からは，北関東支店の売上高利益率は他の支店と比較して低かった。この低迷の原因は「他の支店に比べて新製品の売上が極端に悪い点が指摘できる。現有製品はどれも劇的な販売力を有してはいなかったし，それゆえ社運をかけた新製品の展開が行われたのであった。他の支店ではこれがうまくいった。北関東支店で新製品の好調な売れ行きがあれば，他の支店と同じ数字を達成できたはずである。事実，新製品の月別の売上高は前月を上回り始めていた。あらかじめ既存製品と新製品をわけて財務指標を設定すれば，財務数値の変化のより細かな分析ができ，当該支店のどの製品が上昇トレンドにあるのか，また下降トレンドにあるのかの判断が可能になった。

　顧客の視点からは，北関東が新しいものをなかなか受け入れない保守的な地域性がある反面，いったん受け入れてしまうとその製品を繰り返し愛用する傾向があるという特性があった。マーケット規模も売れないからといって

図表14-11　北関東支店のスコアカード（部分）

視点	戦略	重要成功要因	業績評価指標	年間目標	単位	年間アクションプラン
財務	利益の拡大	営業利益の拡大	営業利益（A 製品）	×××	千円	目標売上高を保ちつつ，販売費を予算内に収める
			営業利益（新製品）	×××	千円	目標売上高を達成し，最小の販売費の実現
	売上の拡大	売上高の拡大	売上高（A 製品）	×××	千円	定番製品の目標の売上高の達成
			売上高（新製品）	×××	千円	新製品の目標売上高の達成
	収益性の増大	利益率の増大	売上高利益率	××	％	新製品の売上を伸ばし，他支店並みの利益率の達成
顧客	顧客に満足を与える	顧客の開拓	新規顧客獲得率	××	率	営業人員による新製品および既存製品の紹介
		顧客の定着	顧客定着率	××	率	製品にポイントをつけ繰り返し購入させる
		顧客のクレームの処理	処理回数	××	回	顧客から生じたクレームを適切に対応し，クレームを解決する
内部ビジネス・プロセス	顧客への製品の確実な納品	在庫管理	棚卸資産回転率	××	回	過剰在庫の監視，在庫切れによる販売チャンスの逸失防止
			棚卸減耗	××	千円	在庫中に生じる欠損の監視（箱の変形，洗剤の漏れなど）
		本社への報告	報告回数	××	回	本社との連絡を密にし，支店のおかれている状況を明確化
学習と成長	従業員のスキル・アップ	社内ミーティングの経常化	ミーティング回数	××	回	支店構成員内の情報を共有化
		製品知識の深化	研修回数	××	回	専門的な製品の知識を全員が保有

無視するほど小さくはない。そこで，新製品を知ってもらうために，スーパーマーケットの洗剤売り場で試供品の配布を行い，新製品の浸透を狙った。これにより，顧客からの生の声が聞け，ある程度の効果は上がっていた。これは評価されるべき要因であった。

　内部のビジネス・プロセスの視点から，在庫管理の問題もさることながら，本ケースにおいて最も問題視されるのは，支店が立たされている苦境を支店長が本社に報告する環境になかったことであろう。支店長としては，ネガテブなイメージを本社にもってほしくはないと考えるだろうし，本社も地域に生じる個別問題を処理するのは支店の責務であるという認識を有していた。ここで，本社のマーケット・ノウハウをもつ専門家が投入されたならば，状況打開に役立ったに違いない。すなわち，北関東支店のようなケースについて，本社には次のようなノウハウがあった。

　　「公園で若い主婦に対して，新製品の特性を説明し，試供品を渡し，
　　後日，使用の感想を聴取する。」

　すなわち，北関東支店ではこれまで販売対象をロック・オンせず，全家庭を対象とした売り込みを行ってきたが，これ以上のあてのない試供品の配布は意味がないと思われる。試供品のスーパーでの配布の後，公園での配布は比較的新製品が浸透しやすい若い世代の家庭への売り込みに特化する戦略であり，若い顧客の評判もまずまずになったという事例があった。本社への報告が行われたならば，本社はこのノウハウが提供できたであろう。

　学習と成長の視点から，これは支店がおかれている状況をいかに支店構成員が共有でき，生じた問題をいかに解決できるかである。営業人員の個別活動は構成員全員に共有されるべきであり，これが再び個別活動に生かされるべきである。これには製品の特性などに関する製品の専門的な知識の深化が必要なことはいうまでもない。もし，支店構成員間で詳細な現状分析と情報の共有がなされ，問題解決のための議論が行われたならば，本社のもつノウハウに支店が自力で到達できたかもしれない。

結局，支店は生じていた問題を支店構成員全員で解決できなかったし，本社は細かな支店の内情まで踏み込んで，判断をしていなかった。すべて表面的にみえる数値と印象のみの判断であり，支店側もそれを覆すような確固としたデータ・ツールを持ち合わせてはいなかった。もし，支店が戦略マップを作成し，これがどのくらい達成できているなどの論理的な提示があれば，本社も納得ができたはずである。こうしたツールがBSCである。この意味では，支店長にとって，BSCは部下に対しても本社に対してもコミュニケーション・ツールとしての性格も併せもつ。このように，BSCは本社の戦略に呼応して，支店の戦略が具体化し，かつこれを実現する手段として機能する。

　かくて，BSCの導入により，よりアクティブな企業活動が可能になるといえよう。

練習問題

　問1　BSCの目的について論じなさい。
　問2　戦略マップの役割を論じなさい。

〈参考文献〉
伊藤一彦・上宮克己（2009）『バランス・スコアカードの創り方』同友館。
櫻井通晴（2003）『バランスト・スコアカード』同文舘出版。
櫻井通晴（2009）『管理会計　第四版』同文舘出版。
本田慶行（2003）『MBA管理会計』日経BP出版。
吉川武男（2007）『バランス・スコアカード入門』生産性出版。
吉川武男（2008）『バランス・スコアカード構築』生産性出版。

ターム　バランスの意味

　企業経営において，バランスが要求される。BSCにおけるバランスは，4つの視点から生じた次のようなバランスがフレームになっている。

① 財務と非財務のバランス

② 外部と内部のバランス

③ 過去と未来のバランス

④ 利害関係者間のバランス

⑤ 結果と過程のバランス

　現在の企業は利益追求が唯一最大の目的ではなく，多元的な目的，すなわち財務的成功，社会貢献，環境保護などを達成する必要がある。これらのバランスをとることによって，偏りのない企業成長を目指し，業績をデザインしなければならない。

第 **15** 章

統合報告
― 企業の開示は財務情報だけでいいのか ―

本章のポイント

● 企業の情報開示制度を理解する
● 有価証券報告書，決算短信を理解する
● 統合報告の意義を理解する
● 統合報告による企業価値の創出の仕組みを理解する

TANY電器はどうすれば企業価値を上げることができるか？

　TANY電器は家庭用冷蔵庫を量産するメーカーであるが，現在業務の拡大を検討中である。家庭用冷蔵庫製造のノウハウを生かして，業務用冷蔵庫の製造を手がけようという長期計画である。そこで社長は，役員会でそれぞれの担当役員から意見を聴取した。

●設計担当役員

　「業務用冷蔵庫は家庭用冷蔵庫と違い，それぞれの顧客のニーズに合わせた設計が必要である。しかし，そのための技術的な蓄積は十分ある。」

●製造担当役員

　「業務用冷蔵庫は個別受注生産の面が大きい。現在の生産設備はそのまま利用できず，一部手作業の工程が必要である。そのため技術をもった工員が必要であるが，その点は十分である。」

●営業担当役員

　「業務用冷蔵庫の実績がないので，顧客の開拓には苦労するだろう。当社の技術力をアピールする必要がある。」

●財務担当役員

　「資金調達をしなければならない。内部留保はあるが，十分ではない。方法としては，銀行からの借入れと新株の発行が考えられる。どうするにしても当社の信用を確保する必要がある。」

●経理担当役員

　「当社の業績は悪くはない。財務情報は，有価証券報告書や決算短信で開示している。さらにサステナビリティ報告書も開示している。しかしまだ十分にアピールしていない。」

　役員の意見では，新規事業に対する当社の最優先事項は資金調達であると

考えられる。銀行から借り入れるためには財務状態を，新株発行によって証券市場から調達するためには経営成績や企業価値をアピールすることが必要であるが，それだけでよいのだろうか。

　TANY電器は長期計画実現のために，どのような方策をとっていけばいいのだろうか。

1 企業の情報開示制度のあらまし

　前章までは，標準原価計算，直接原価計算，予算管理，ABC，BSC，原価企画など管理会計の経営管理のために利用されるツールについて考察してきた。本章では，一般的には財務会計の機能として考えられる報告あるいは開示について考察したい。報告あるいは開示は，アカウンタビリティ（会計責任，説明責任）を果たすために行われるが，財務会計としてだけではなく，管理会計としても重要な役割をもつことを理解してほしい。

(1) 上場会社の情報開示

　証券取引所に上場している企業には，法律に基づく開示（法定開示）と証券取引所のルールに基づく開示（適時開示）の2つの情報開示が義務づけられている。

　法定開示は，金融商品取引法と会社法に基づく開示である。金融商品取引法では第24条において，「事業年度ごとに，当該会社の商号，当該会社の属する企業集団及び当該会社の経理の状況その他事業の内容に関する重要な事項その他の公益又は投資者保護のため必要かつ適当なものとして内閣府令で定める事項を記載した報告書（以下「有価証券報告書」という。）を，内国会社にあっては当該事業年度経過後3月以内（中略）に，内閣総理大臣に提

出しなければならない。」と定めている。また，会社法では第440条において，「株式会社は，法務省令で定めるところにより，定時株主総会の終結後遅滞なく，貸借対照表（大会社にあっては，貸借対照表及び損益計算書）を公告しなければならない。」と定めている。同第442条では計算書類を一定期間本店に備え置き，閲覧できるようにしなければならないとしている。

　適時開示は，タイムリー・ディスクロージャーと呼ばれる証券取引所のルールで，公正で透明な株価形成の確保を図るために，株価に影響を与え得る経営上の重要な情報を，正確性に配慮しつつも，速報性を重視して適時適切に公表する義務である。新株式の発行や他社との合併など企業自らが意思決定を行った情報の「決定情報」，工場の火災や大株主の異動など企業の意思決定によらず，企業外で発生した情報の「発生情報」，売上高や利益の額などを集計した決算の内容を開示する「決算情報」の３つからなる。

　これら以外に上場会社は，投資家向け説明会や企業のウェブサイトなどを通じて，さまざまな情報開示を行っている。

(2) 有価証券報告書・四半期報告書

　金融商品取引法によって義務づけられた提出書類には，有価証券届出書（第４条第１項），有価証券通知書（第４条第５項），有価証券報告書（第24条第１項），内部統制報告書（第24条の４の４），四半期報告書（第24条の４の７），半期報告書（第24条の５第１項），臨時報告書（第24条の５第４項）がある。有価証券報告書は，決算日から３ヵ月以内に内閣総理大臣に提出し，同時に，当該企業のホームページやEDINET（Electronic Disclosure for Investors' NETwork：金融商品取引法に基づく有価証券報告書等の開示書類に関する電子開示システム）で開示される。有価証券報告書の内容は，**図表15-1**のとおりである。

　有価証券報告書では，連結財務諸表や個別企業の財務諸表といった財務情報だけではなく，企業の沿革，事業の内容，関係会社や従業員の状況，経営

図表15-1　有価証券報告書

第一部　企業情報
　第1　企業の概況
　　1　主要な経営指標等の推移
　　2　沿革
　　3　事業の内容
　　4　関係会社の状況
　　5　従業員の状況
　第2　事業の状況
　　1　経営方針，経営環境及び対処すべき課題等
　　2　事業等のリスク
　　3　経営者による財務状態，経営成績及びキャッシュ・フローの状況の分析
　　4　経営上の重要な契約等
　　5　研究開発活動
　第3　設備の状況
　　1　設備投資等の概要
　　2　主要な設備の状況
　　3　設備の新設，除却等の計画
　第4　提出会社の状況
　　1　株式等の状況
　　2　自己株式の取得等の状況
　　3　配当政策
　　4　コーポレート・ガバナンスの状況等
　第5　経理の状況
　　1　連結財務諸表等
　　2　財務諸表等
　第6　提出会社の株式事務の概要
　第7　提出会社の参考情報
　　1　提出会社の親会社等の情報
　　2　その他の参考情報
第二部　提出会社の保証会社等の情報
　監査報告書
　内部統制報告書
　確認書

出所：有価証券報告書から目次を抜粋。

方針，経営環境，事業等のリスク，経営上の重要な契約，研究開発活動など非財務情報も開示される。有価証券報告書の開示は1年ごとであるが，このほかに四半期報告書が3ヵ月ごとに開示される。内容は有価証券報告書のように，企業の概況，事業の状況，提出会社の状況，経理の状況を開示するが，有価証券報告書よりは簡略化されている。四半期報告書は四半期末から45日以内に開示しなければならず，タイムリーな情報を提供することを目的としている。これも，企業のホームページやEDINETで開示されるが，今後廃止が検討されている。

(3) 決算短信

決算短信は，上場会社が決算発表および四半期決算発表をするときに，決算内容の要点をまとめた書類のことで，すべての上場会社は作成・開示が義務づけられており，証券取引所によって定められた様式によって作成される。目的は投資家に向けていち早く情報を提供することで，決算の内容が定まった時点で直ちに開示することを求めており，監査や四半期レビューは要件になっていない。通期決算の情報を載せる通期決算短信と，四半期決算ごとの情報を載せる四半期決算短信がある。内容はサマリーと添付資料で，決算後30日以内，遅くとも45日以内に開示される。速報としての意味合いが強く，記載内容には推測が含まれており，情報としては網羅性や正確性に劣る。発表後に訂正が行われることがある。通期決算短信の記載概要は**図表15-2**のとおりである。

(4) その他の報告書

有価証券報告書や決算短信のほかに，アニュアルレポート，コーポレート・ガバナンスに関する報告書，サステナビリティ報告書などが作成され，開示されている。

アニュアルレポート（年次報告書）は任意であるが，株主や金融機関など

図表15-2　決算短信

1　〇年〇月期の連結業績
　⑴　連結経営成績
　⑵　連結財政状態
　⑶　連結キャッシュ・フローの状況
2　配当の状況
3　〇年〇月期の連結業績予想
（参考）個別業績の概要
1　〇年〇月期の個別業績
　⑴　個別経営成績
　⑵　個別財政状態
2　〇年〇月期の個別業績予想
　個別経営成績
添付資料
　1．経営成績等の概況
　　⑴　当期の経営成績の概況
　　⑵　当期の財政状態の概況
　　⑶　当期のキャッシュ・フローの概況
　　⑷　今後の見通し
　2．会計基準の選択に関する基本的な考え方
　3．連結財務諸表等
　　⑴　連結貸借対照表
　　⑵　連結損益計算書及び連結包括利益計算書
　　　（連結損益計算書）
　　　（連結包括利益計算書）
　　⑶　連結株主資本等変動計算書
　　⑷　連結キャッシュ・フロー計算書
　　⑸　連結財務諸表に関する注記事項
　　　（継続企業の前提に関する注記）
　　　（連結財務諸表作成のための基本となる重要な事項）
　　　（会計方針の変更）
　　　（追加情報）
　　　（セグメント情報等）
　　　（1株当たり情報）
　　　（重要な後発事象）
　4．その他の情報

出所：決算短信から抜粋。

の関係先に年度末に配布される経営内容についての総合的な情報を掲載したもので，社長のメッセージや企業理念，事業戦略，CSRへの取り組みなども記載される。海外の投資家向けに英語版が発行されていたが，日本語版も発行する企業もある。

　コーポレート・ガバナンスに関する報告書は，コーポレート・ガバナンスに関する基本的な考え方および資本構成，企業属性その他の基本情報，経営上の意思決定，執行および監督に係る経営管理組織その他のコーポレート・ガバナンス体制の状況，株主その他の利害関係者に関する施策の実施状況，内部統制システム等に関する事項などの情報が記載され，東京証券取引所に上場する企業に提出が求められている。

　サステナビリティ報告書は，CSR報告書とほぼ同じもので，会社の環境を含めた社会的な取り組みをまとめたものである。従業員，取引先，消費者，地域社会など企業と関連するステークホルダーに対して社会的な責任を果たすべきというCSR（corporate social responsibility）の考え方に基づいた取り組みを社会に広めるために作成される。SDGs方針や取り組み，その結果を記載したSDGs報告書もこの範疇である。

2　価値創造のための取り組み−統合報告書−

　統合報告書の情報開示については，国際統合報告評議会（International Integrated Reporting Council：IIRC）から2013年に統合報告フレームワークが公表され，その後2021年に改訂版が公表されている。

　統合報告書は，「組織の外部環境を背景として，組織の戦略，ガバナンス，実績，及び見通しが，どのように短，中，長期の価値の創造，保全又は毀損に繋がるのかについての簡潔なコミュニケーション」（IIRC（2021），p.10）で，目的は「財務資本の提供者に対し，組織が長期にわたりどのように価値

を創造，保全又は毀損するかについて説明すること」（IIRC（2021），p.10）である。「従業員，顧客，サプライヤー，事業パートナー，地域社会，立法者，規制当局，及び政策立案者を含む，組織の長期にわたる価値創造能力に関心を持つ全てのステークホルダー」（IIRC（2021），p.10）を情報利用者としている。

　統合報告書には，組織概要と外部環境，ガバナンス，ビジネスモデル，リスクと機会，戦略と資源配分，実績，見通し，作成と表示の基礎が内容要素として含まれている。統合報告書は一定の書式があるものではなく，これらの内容要素の結合が明らかになるような方法で表示される。欧米を中心とした海外機関投資家が投資の際，企業の社会的責任を重要視し始めたことを契機に，海外の企業で財務情報と非財務情報をまとめて発行するようになった。

　IIRCが示す価値の創造・保全・毀損プロセスは，**図表15-3**のとおりである。統合報告書ではこのプロセスを報告することによって，「組織の戦略，

図表15-3　価値が創造，保全または毀損されるプロセス

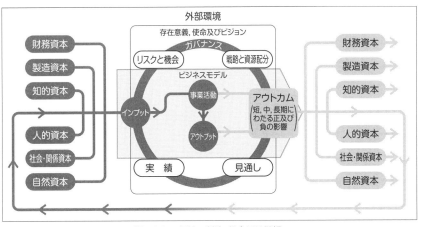

出所：IIRC（2021）『国際統合報告〈IR〉フレームワーク日本語訳』p.21。

及びその戦略がどのように組織の短，中，長期の価値創造能力や資本の利用及び資本への影響に関連するかについての洞察」（IIRC（2021），p.23）を提供する。

資本は，財務資本，製造資本，知的資本，人的資本，社会・関係資本および自然資本に分類される（IIRC（2021），p.18）。

①財務資本　組織が製品を生産し，サービスを提供する際に利用可能な資金
②製造資本　製品の生産またはサービス提供に当たって組織が利用できる製造物
③知的資本　組織的な，知識ベースの無形資産
④人的資本　人々の能力，経験およびイノベーションへの意欲
⑤社会・関係資本　個々のコミュニティ，ステークホルダー・グループ，その他のネットワーク間またはそれら内部の機関や関係，および個別的・集合的幸福を高めるために情報を共有する能力
⑥自然資本　組織の過去，現在，将来の成功の基礎となる物・サービスを提供するすべての再生可能および再生不可能な環境資源およびプロセス

これらの資本によって，製品・サービスといったアウトプットを生み出すとともに，会社の事業活動とアウトプットの結果としてもたらされる資本の内部的および外部的影響としてのアウトカムも生み出す。アウトカムには次のようなものがある（IIRC（2021），p.38）。

①内部的なアウトカム　従業員のモラル，組織の評判，収益およびキャッシュ・フロー
　外部的なアウトカム　顧客満足度，納税，ブランドロイヤリティ，社会および環境的影響
②正のアウトカム　　　資本の純増加がもたらされ，価値が創造される
　負のアウトカム　　　資本の純減少がもたらされ，価値が毀損される

　会社はこれらのアウトプットとアウトカムを生み出すために，ビジネスモデルを考え，事業活動を行う。

　統合報告書はこの価値の創造，保全または毀損のプロセスをステークホルダーに報告するためのものである。作成のためにはこのプロセスの検討がなされ，資本，ビジネスモデル，事業活動，ガバナンス，アウトカムなどを明らかにしていく。このことは，外部のステークホルダーに報告するために重要ではあるが，経営管理者や従業員のためにも重要なことである。これらを正しく把握することは，経営管理者にとっては経営管理の重点を理解することや戦略を策定するためなどに役立つ。従業員にとっては自分たちが置かれた状況や何をしなければならないかを理解するために役立つ。経営管理や従業員の動機づけのためにも有効な手段である。

3 TANY電器はどうすればよいのか

　TANY電器では，有価証券報告書，決算短信，サステナビリティ報告書を作成して情報を開示している。これらの報告書によって情報を開示しているが，これらは単に情報を開示したに過ぎない。財務会計的にはこのような情報開示で十分なのかもしれないが，管理会計的にはこれらの情報が会社の外部および内部のステークホルダーの意思決定に対して役立つものでなければならない。

　そこで，統合報告の考え方を導入して，TANY電器は戦略を実行する過程を統合報告書によって，内外のステークホルダーに開示することを考えてみるとよい。それによって自社が保有する資本にはどのようなものがあるか，それらをどのように価値創造プロセスに投入して，どのようなアウトプットとアウトカムを生み出しているかを明確にすることができる。これは株主，投資家，金融機関，取引先，消費者などのようなステークホルダーにとって

投資や融資，原材料などの仕入，製品の購入などのために有益な情報であるとともに，経営管理者，従業員のようなステークホルダーにも経営管理や従業員の動機づけなどのために重要な情報である。管理会計の観点からみれば統合報告書は，経営管理のためのツールとしての役割を果たし得る。経営者や従業員は，統合報告書によって資本，ビジネスモデル，事業活動，ガバナンス，アウトカムなどを可視化することで，よりよい経営管理ができ，従業員の意識の向上につなげることができるだろう。

練習問題

　問1　情報開示制度について説明しなさい。
　問2　統合報告書の作成目的について説明しなさい。

〈参考文献〉

伊藤和憲（2021）『価値共創のための統合報告―情報開示から情報利用へ―』同文舘出版。

IIRC（2021）*Internaitonal 〈IR〉 Framework,* International Integrated Reporting Council（『国際統合報告〈IR〉フレームワーク日本語訳』）。

索　引

〔A～Z〕

ABB（活動基準予算管理）···············207
ABC（活動基準原価計算）·······8, 189, 195
ABM（活動基準（原価）管理）····9, 189, 203
CSF（重要成功要因）217···············243
CVP分析····························92
EVA®·····························132
IE法·····························99
IIRC（国際統合報告評議会）···········264
IR情報····························4
KPI（業績評価指標）··················243
LCC（ライフサイクル・コスト）·········219
LCCing（ライフサイクル・コスティング）
·····························9, 219
M/S比率··························93
PAFアプローチ·····················214
PDCA····························243
SDGs報告書························264
WACC····························175
ZBB（ゼロベース予算）···············113

〔あ〕

アウトカム·······················266
アカウンタビリティ·················259
アニュアルレポート·················263
安全性····························22
安全性マージン····················93
安全余裕率························93

意思決定·························141
意思決定会計·······················8
インテグレーテッド・コストマネジメント
·····························230
インベストメント・センター···········125

売上原価差異······················114
売上総利益························28
売上総利益差異····················114
売上高営業利益率···················29
売上高経常利益率···················29
売上高差異························114
売上高総利益率····················29
売上高当期純利益率·················29
売上高利益率·····················128

営業利益··························28
演繹的なコスト割付·················233

〔か〕

外部失敗原価······················214
外部の利害関係者····················4
価格差異························73, 115
学習と成長の視点···················246
各種売上高利益率···················29
加重平均資本コスト·················175
価値観···························242
価値連鎖分析·······················9
活動基準（原価）管理（ABM）······9, 203
活動基準原価計算（ABC）··········8, 195
活動基準予算·······················9
活動基準予算管理（ABB）···········207
活動ドライバー····················197
活動分析·························204
貨幣の時間価値····················163
勘定科目法························98
カンパニー制······················138
管理会計···························4
管理会計の確立期····················7
管理会計の生成期····················6
管理会計の成長期····················6

269

管理会計の展開期 ……………………… 8
管理可能費 ……………………………… 46
管理可能利益 …………………………… 127
管理不能費 ……………………………… 46
関連原価 ………………………………… 145

機会原価 ………………………………… 144
機会損失 ………………………………… 145
企業予算 ………………………………… 105
企業理念 ………………………………… 242
基準標準原価 …………………………… 69
帰納的なコスト積み上げ方式 ………… 234
規模の経済 ……………………………… 184
逆機能（原価企画）…………………… 235
キャッシュ・フロー …………………… 162
狭義の原価管理 ………………………… 67
業績評価指標（KPI）………………… 243
業績分析 ………………………………… 205
共通固定費 ……………………………… 127
業務管理会計 …………………………… 8
業務執行的意思決定 …………………… 10
業務の意思決定 ……………………… 9, 141
許容原価 …………………………… 232, 233

経営効率 ………………………………… 23
経営効率を示す指標 …………………… 31
経済的付加価値 ………………………… 132
経常利益 ………………………………… 28
継続製造指図書 ………………………… 60
形態別分類 ……………………………… 44
経費 ………………………………… 44, 50
決算短信 ………………………………… 263
月次予算 ………………………………… 106
原価 ……………………………………… 44
限界原価基準 …………………………… 135
限界利益 ………………………………… 89
原価加算基準 …………………………… 136
原価管理 ………………………………… 67
原価企画 …………………………… 9, 230
原価基準 ………………………………… 134

原価計画 ………………………………… 67
原価計算 ………………………………… 43
現価係数 ………………………………… 164
原価低減 ………………………………… 67
原価統制 ………………………………… 67
原価標準 ………………………………… 71
現在価値 ………………………………… 164
原材料回転期間 ………………………… 32
現実的標準原価 ………………………… 70
減分原価 ………………………………… 143

広義の原価管理 ………………………… 67
貢献利益 ………………………………… 89
交渉価格基準 …………………………… 137
高低点法 …………………………… 98, 99
コーポレート・ガバナンスに関する報告書
………………………………………… 263
顧客の視点 ……………………………… 245
国際統合報告評議会（IIRC）……… 264
コスト・コントロール ………………… 67
コスト・テーブル ……………………… 234
コスト・ドライバー ………… 188, 197
コスト・ドライバー分析 ……………… 204
コスト・プール ………………………… 197
コスト・マネジメント ………………… 67
固定資産回転率 ………………………… 32
固定長期適合率 ………………………… 25
固定費 …………………………………… 46
固定比率 ………………………………… 25
固定予算 ………………………………… 107
個別原価計算 …………………………… 58

〔さ〕

最小二乗法 ………………………… 99, 100
最適セールス・ミックス ……………… 150
財務会計 ………………………………… 4
財務資本 ………………………………… 265
財務の視点 ……………………………… 244
材料費 ……………………………… 44, 47
差額原価 ………………………………… 143

差額原価収益分析 …………………… 145
差額分析 …………………………… 10, 145
差額法 ………………………………… 146
作業時間差異 ………………… 74, 115
サステナビリティ報告書 …………… 264
参加型予算 …………………………… 107
散布図表法 …………………………… 98
残余利益 ……………………………… 130

仕掛品回転期間 ……………………… 32
市価基準 ……………………………… 133
市価差引基準 ………………………… 133
時間価値を考慮しない差額原価収益分析
…………………………………… 10
時間価値を考慮する差額原価収益分析 …… 9
事業部貢献利益 ……………………… 127
事業部制組織 ………………………… 124
資金予算 ……………………………… 107
資源ドライバー ……………………… 197
自己資本当期純利益率 ……………… 28
自己資本比率 ………………………… 25
事後統制 ……………………………… 113
資産 …………………………………… 23
自然資本 ……………………………… 266
事前統制 ……………………………… 113
自発的原価 …………………………… 215
四半期決算短信 ……………………… 263
四半期報告書 ………………………… 260
四半期予算 …………………………… 106
資本コスト …………………………… 164
資本コスト率 ………………………… 164
資本予算 ……………………………… 107
社会・関係資本 ……………………… 266
収益性 ………………………………… 22
収益性指数法 ………………………… 170
重回帰分析 …………………………… 99
重要成功要因（CSF） ……………… 243
純資産 ………………………………… 23
正味現在価値法 ……………………… 168
将来価値 ……………………………… 164

職能別組織 …………………………… 123
人的資本 ……………………………… 266

数量差異 ……………………… 73, 115
ステークホルダー …………………… 3

正常標準原価 ………………………… 70
製造間接費 …………………… 45, 51
製造間接費差異 ……………… 76, 115
製造原価 ……………………………… 45
製造原価明細書 ……………………… 62
製造資本 ……………………………… 265
製造直接費 …………………………… 45
製造部門 ……………………………… 53
製造量差異 …………………………… 115
製品回転期間 ………………………… 32
責任会計制度 ………………………… 126
設計品質 ……………………………… 213
折衷法 ………………………………… 234
設備投資の経済性計算 ……………… 9
ゼロベース予算（ZBB） …………… 113
線型計画法 …………………………… 152
全部原価基準 ………………………… 134
全部原価計算 ………………………… 85
戦略管理会計 ………………………… 9
戦略的意思決定 ……………… 9, 142, 161
戦略マップ …………………… 241, 243
戦略マネジメント・システム ……… 242

総額法 ………………………………… 146
操業度 ………………………………… 46
操業度差異 …………………… 77, 78, 115
総原価 ………………………………… 45
総合原価計算 ………………………… 60
総合予算 ……………………………… 107
総資本回転率 ………………………… 31
総資本利益率 ………………………… 28
増分原価 ……………………………… 143
増分分析 ……………………………… 145
素価 …………………………………… 51

損益分岐点 ············· 92
損益分岐点図表 ············· 92
損益分岐点比率 ············· 93
損益分岐点分析 ············· 92
損益予算 ············· 107

〔た〕

大綱的利益計画 ············· 112
タスク・コントロール ············· 190
棚卸資産回転率 ············· 32
単位売上原価差異 ············· 114
単位売上総利益差異 ············· 114
短期安全性 ············· 24
短期予算 ············· 106
短期利益計画 ············· 85
単純回収期間法 ············· 165
単純市価基準 ············· 133
単純投資利益率法 ············· 167

知的資本 ············· 265
中期利益計画 ············· 85
長期的な安全性 ············· 25
長期予算 ············· 106
直接原価計算 ············· 88
直接材料費差異 ············· 73, 115
直接労務費差異 ············· 74, 115
直課 ············· 51
賃率差異 ············· 74, 115

通期決算短信 ············· 263
積上予算 ············· 107

適合性の喪失 ············· 183
適合品質 ············· 213
デザイン・イン ············· 235
伝統的な管理会計論 ············· 8

統合報告書 ············· 264
当座資産回転率 ············· 32
当座標準原価 ············· 69

当座比率 ············· 24
投資中心点 ············· 124
投資利益率 ············· 128
特殊原価 ············· 143, 145
特殊原価調査 ············· 143
特定製造指図書 ············· 58
トップダウン予算 ············· 107

〔な〕

内部失敗原価 ············· 214
内部の利害関係者 ············· 4
内部ビジネス・プロセスの視点 ············· 246
内部振替価格 ············· 132
内部振替取引 ············· 132
内部利益率 ············· 171
内部利益率法 ············· 171
成行原価 ············· 232, 233

年金現価係数 ············· 164
年次予算 ············· 106
年次予算報告書 ············· 263

能率差異 ············· 76-78

〔は〕

配賦 ············· 51
配賦基準 ············· 51
バランスト・スコアカード ············· 9, 241
範囲の経済 ············· 187
販売価格差異 ············· 114
販売量差異 ············· 114

非自発的原価 ············· 215
ビジョン ············· 242
非付加価値活動 ············· 204
費目別予算 ············· 106
評価原価 ············· 214
標準原価計算 ············· 68
標準原価計算制度 ············· 68
標準製造間接費 ············· 72

標準直接材料費 ……………………………… 71
標準直接労務費 ……………………………… 71
品質原価 …………………………………… 213
品質原価計算 ……………………………9, 213
品質適合原価 ……………………………… 215
品質不適合原価 …………………………… 215

ファンダメンタルズ ………………………… 21
賦課 …………………………………………… 51
付加価値活動 ……………………………… 204
複利計算 …………………………………… 164
負債 …………………………………………… 23
負債比率 ……………………………………… 25
部門 …………………………………………… 53
部門共通費 …………………………………… 54
部門個別費 …………………………………… 54
部門別予算 ………………………………… 106
プロフィット・センター ………………… 125

ベンチマーキング ………………………… 204
変動製造マージン …………………………… 89
変動費 ………………………………………… 46
変動予算 …………………………………… 107

補間法 ……………………………………… 172
補助部門 ……………………………………… 53
ボトムアップ予算 ………………………… 107

〔ま〕
埋没原価 …………………………………… 143
マネジメント・コントロール …………… 190
マネジメント・サイクル ………………… 243

ミッション ………………………………… 242

未来原価 …………………………………… 145

〔や〕
有価証券報告書 …………………………… 260

予算 ………………………………………… 105
予算委員会 ………………………………… 110
予算管理 …………………………………… 105
予算管理担当部門 ………………………… 110
予算差異 ………………………………76-78
予算実績差異分析 ………………………… 113
予算担当役員 ……………………………… 110
予算統制 …………………………………… 113
予算編成 …………………………………… 111
予防原価 …………………………………… 214

〔ら〕
ライフサイクル・コスティング（LCCing）
………………………………………9, 219
ライフサイクル・コスト（LCC） ……… 219

利益計画 ……………………………………… 85
利益中心点 ………………………………… 125
利益率 ………………………………………… 22
利益率を示す指標 …………………………… 28
理想標準原価 ………………………………… 69
リニア・プログラミング ………………… 152
流動比率 ……………………………………… 24

労務費 …………………………………44, 48

〔わ〕
割当予算 …………………………………… 107
割引計算 …………………………………… 164

【著者紹介】（執筆順）

建部　宏明（たてべ ひろあき）〔第1，2，3，10，14章担当〕
　専修大学商学部教授
　1957年　東京都生まれ
　1988年　明治大学大学院経営学研究科博士後期課程単位取得退学

長屋　信義（ながや のぶよし）〔第4，5，6，13，15章担当〕
　元産業能率大学情報マネジメント学部教授
　1957年　岐阜県生まれ
　1988年　明治大学大学院経営学研究科博士後期課程単位取得退学

山浦　裕幸（やまうら ひろゆき）〔第7，8，9，11，12章担当〕
　千葉経済大学経済学部教授
　1960年　長野県生まれ
　1988年　明治大学大学院経営学研究科博士後期課程単位取得退学

2011年4月25日	初　版　発　行	
2022年4月15日	初版5刷発行	
2023年4月5日	第2版発行	
2024年10月30日	第2版2刷発行	略称：基本管理会計(2)

基本管理会計（第2版）

著　者	建　部　宏　明	
	山　浦　裕　幸	
	長　屋　信　義	
発行者	中　島　豊　彦	

発行所　同 文 舘 出 版 株 式 会 社
東京都千代田区神田神保町1-41　〒101-0051
営業　(03) 3294-1801　　編集 (03)3294-1803
振替　00100-8-42935 https://www.dobunkan.co.jp

H. TATEBE　　　　　　　　　　　　　　製版　一企画
©H. YAMAURA　　　　　　　　　　印刷・製本　萩原印刷
N. NAGAYA　　　　　　　　　　　　　　装丁　オセロ
Printed in Japan 2023
ISBN978-4-495-19582-3

基本原価計算 第五版

建部宏明
山浦裕幸／著
長屋信義

理論性と実用性の両面を重視し
簡潔に説明する。
日商簿記２級レベルを対象。
豊富な例題と基本用語の説明を
掲載。

スタンダード 原価計算

建部宏明
長屋信義／著
山浦裕幸

基礎の次に求められる高度な原
価計算力を養成するため、豊富
な設例と丁寧な解説で、基礎か
ら、中級・上級レベルへのレベ
ルアップをサポート。